This book belongs to:

____

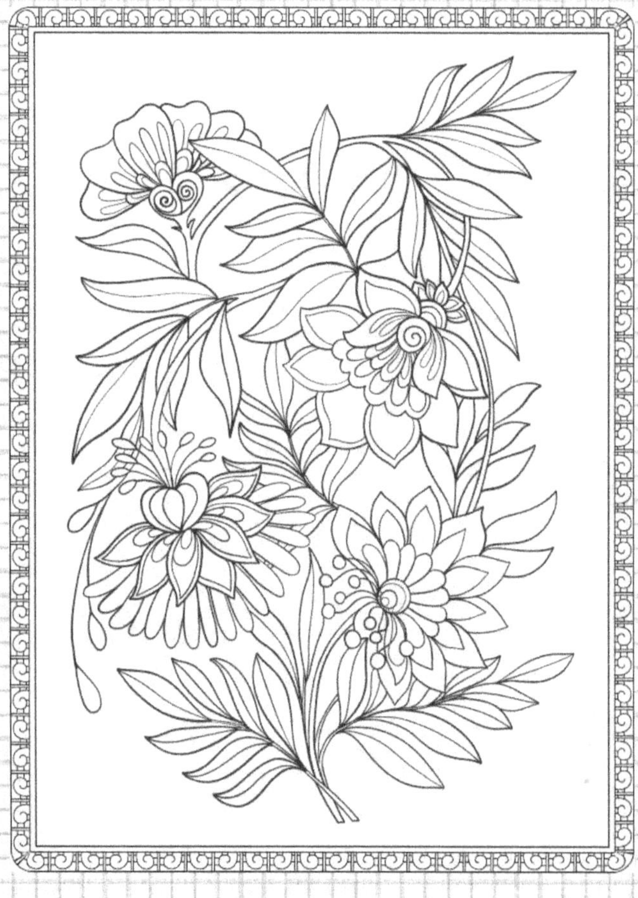

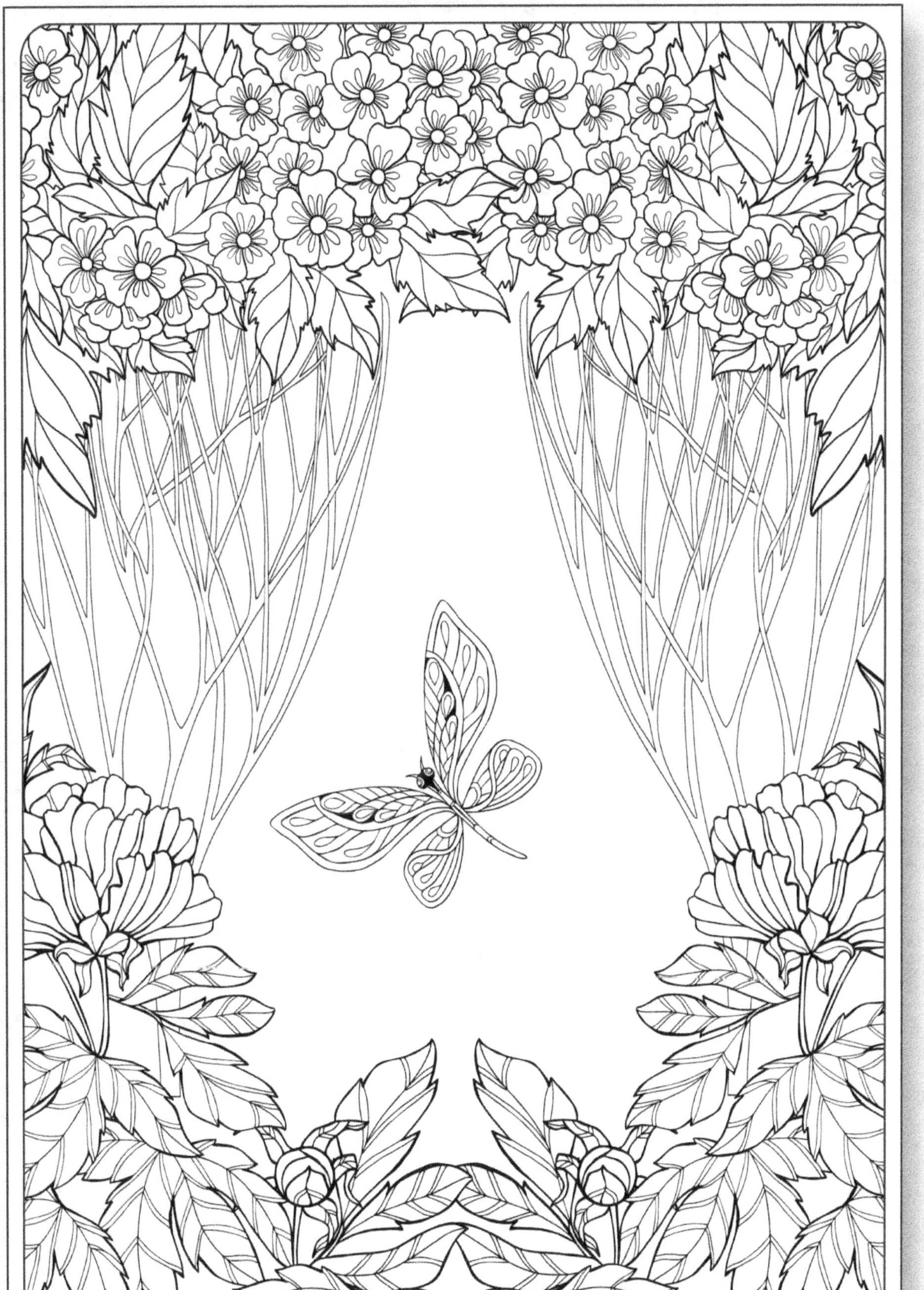

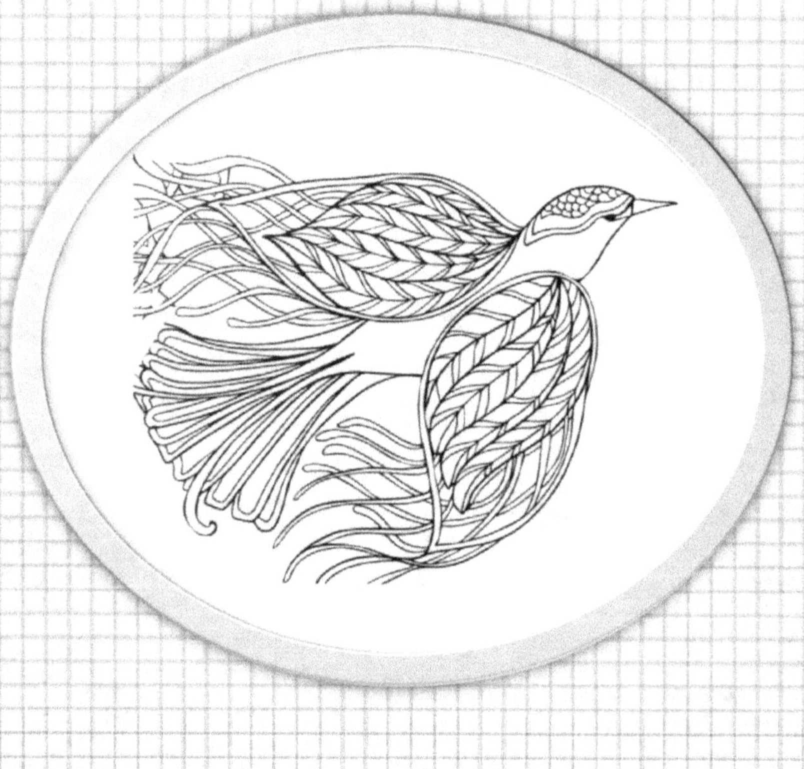

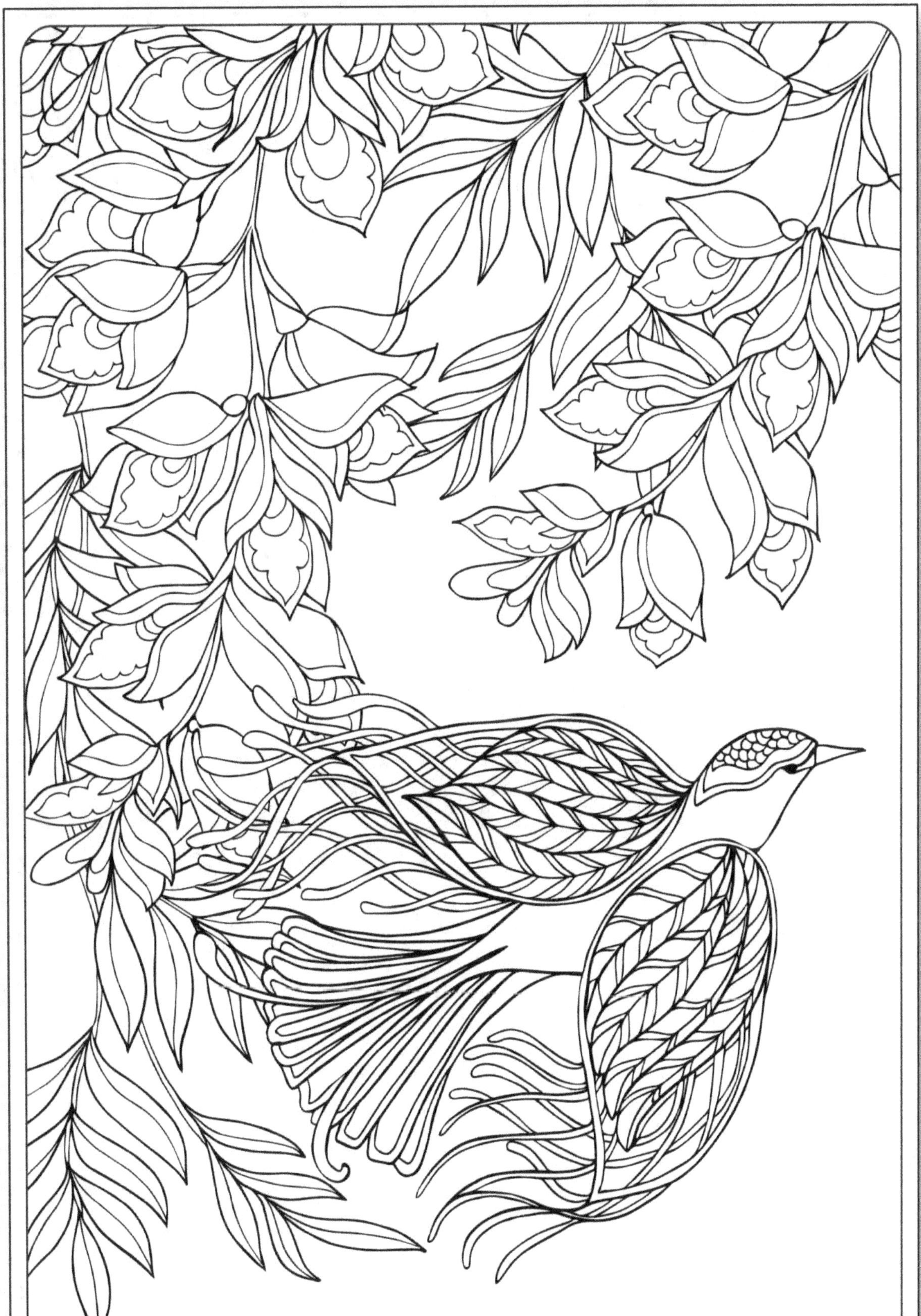

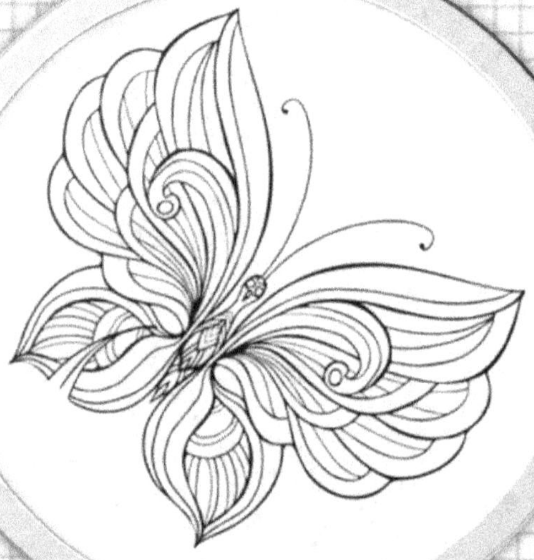

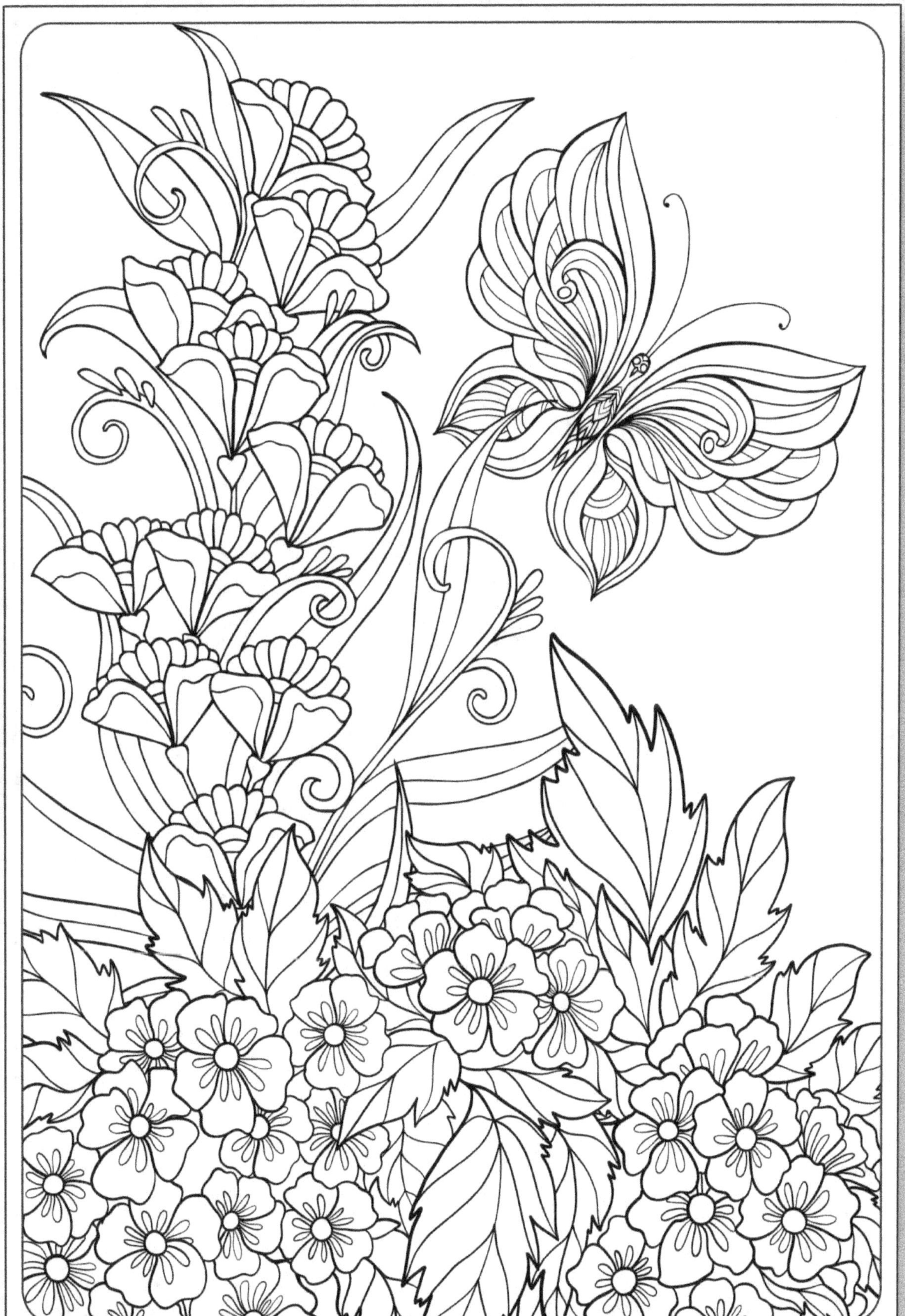

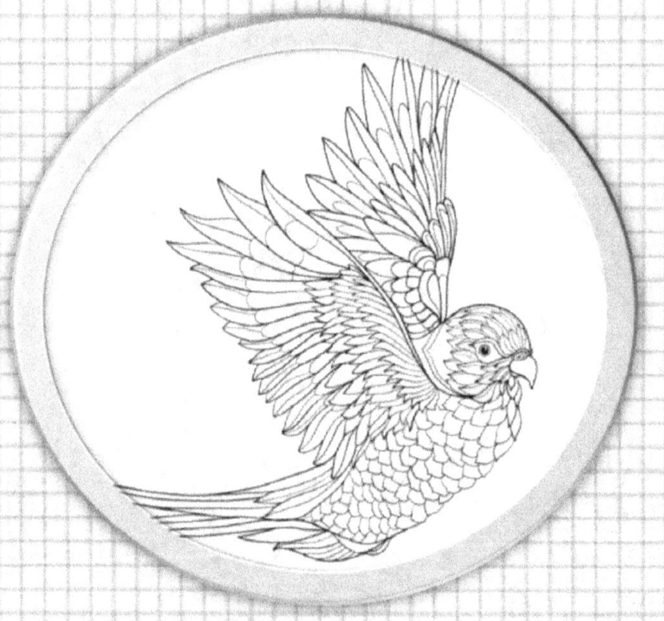

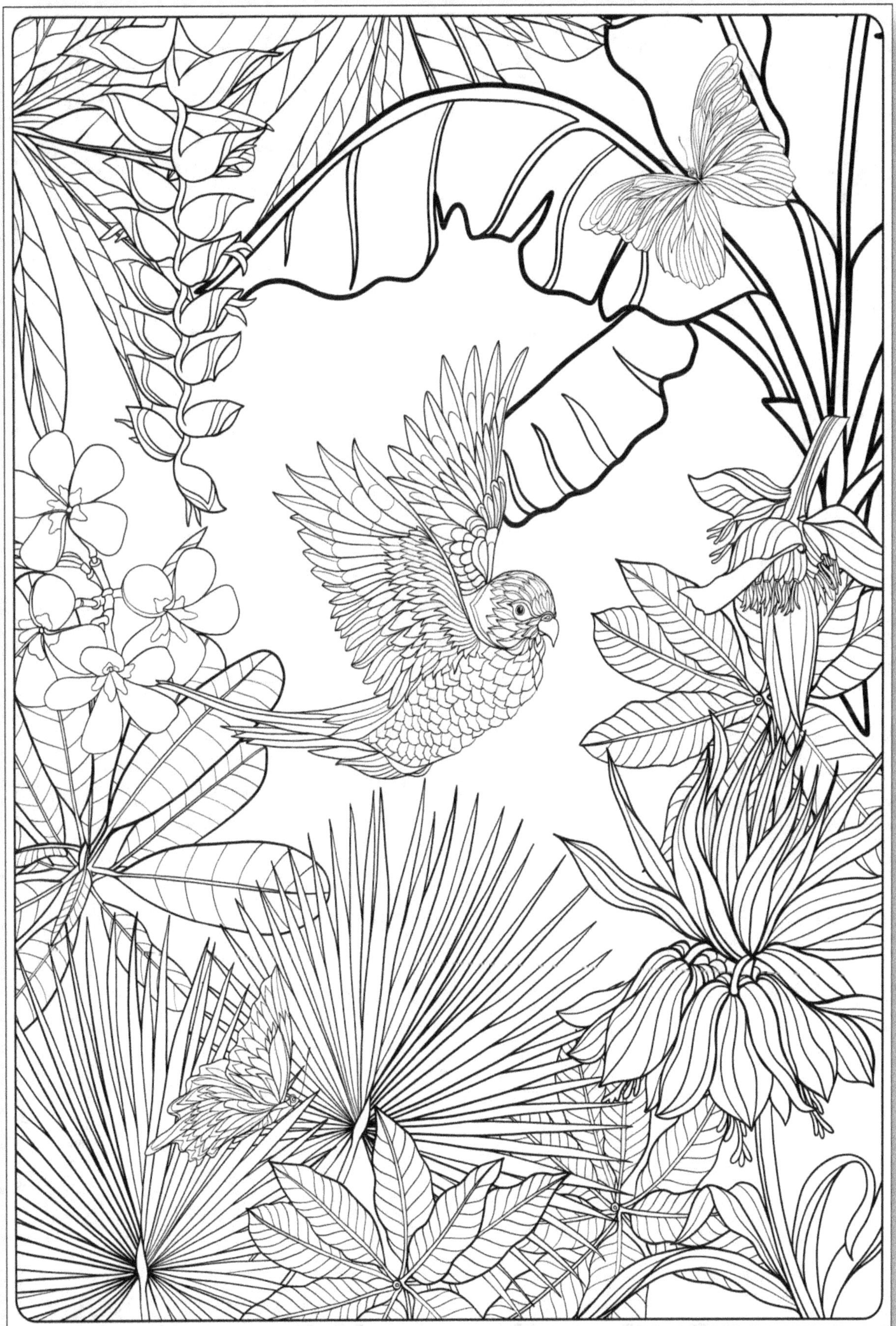

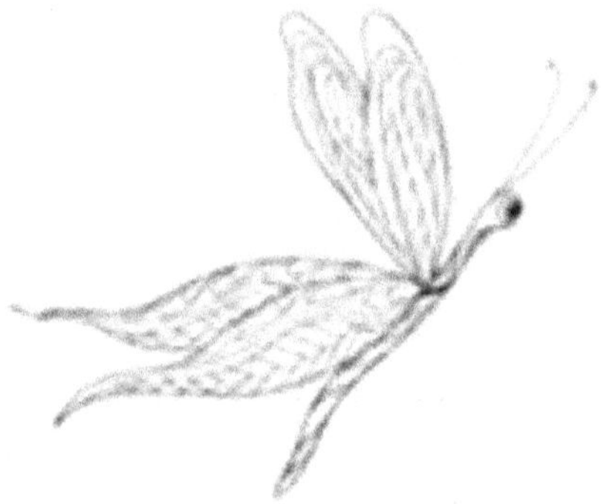

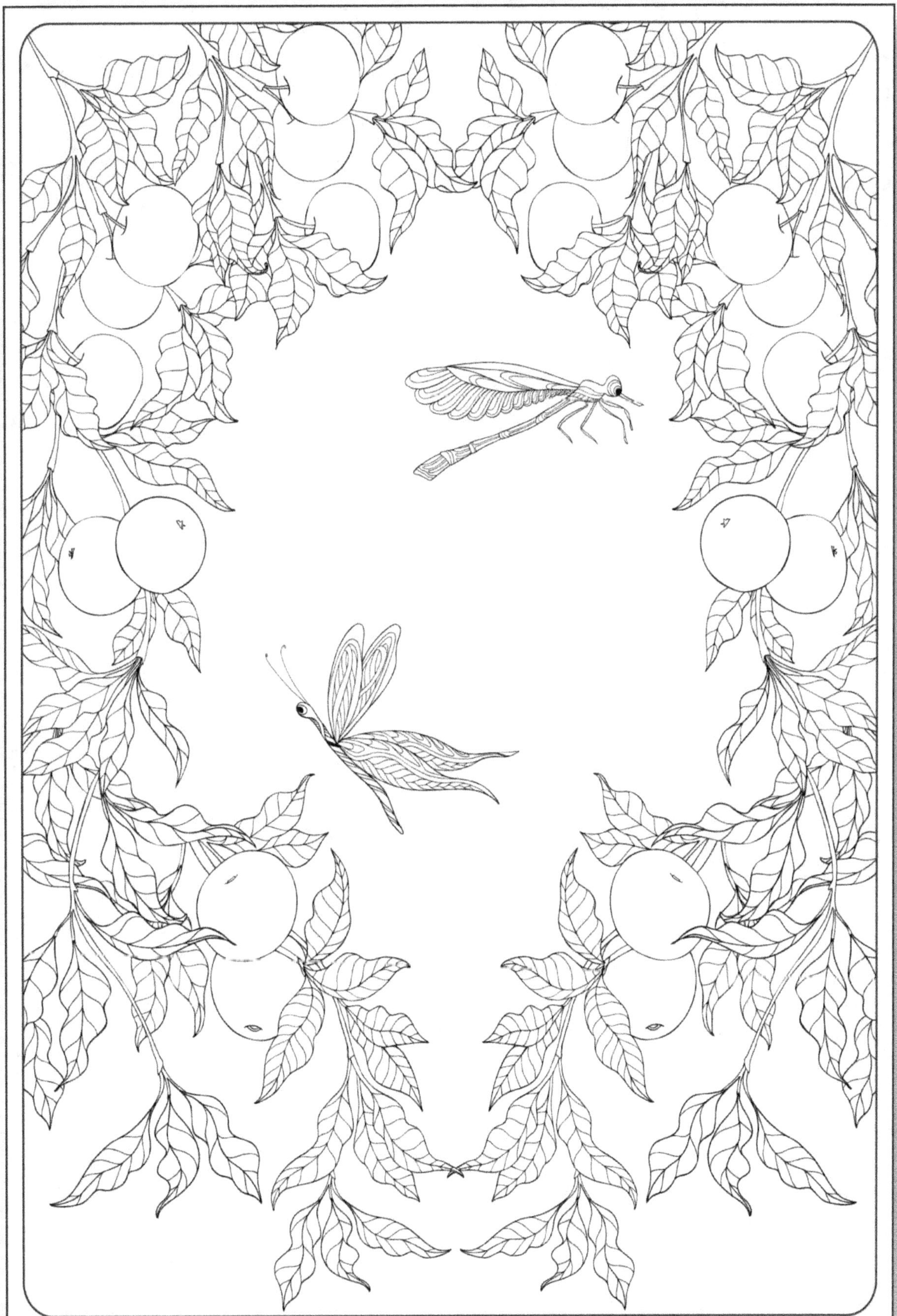

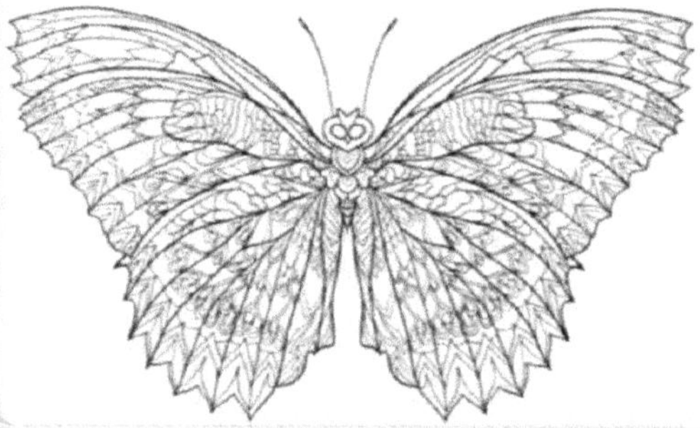

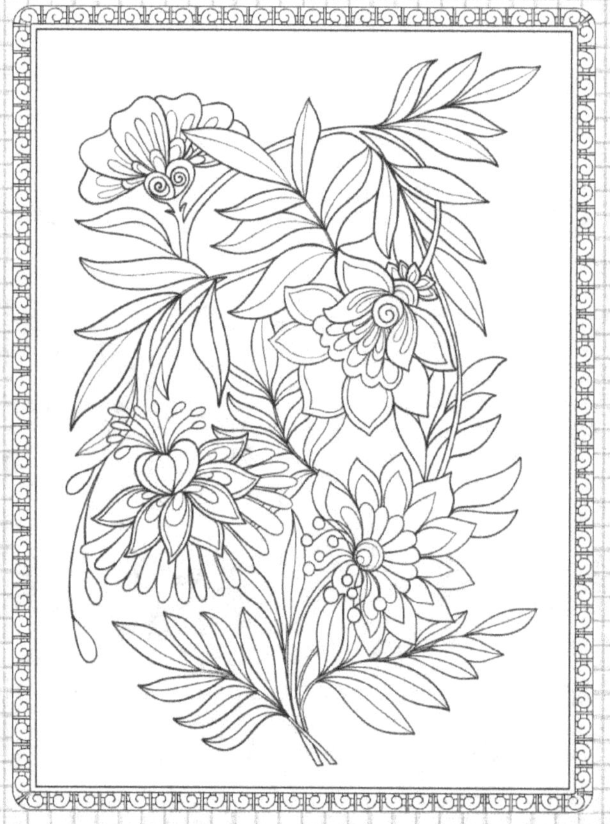

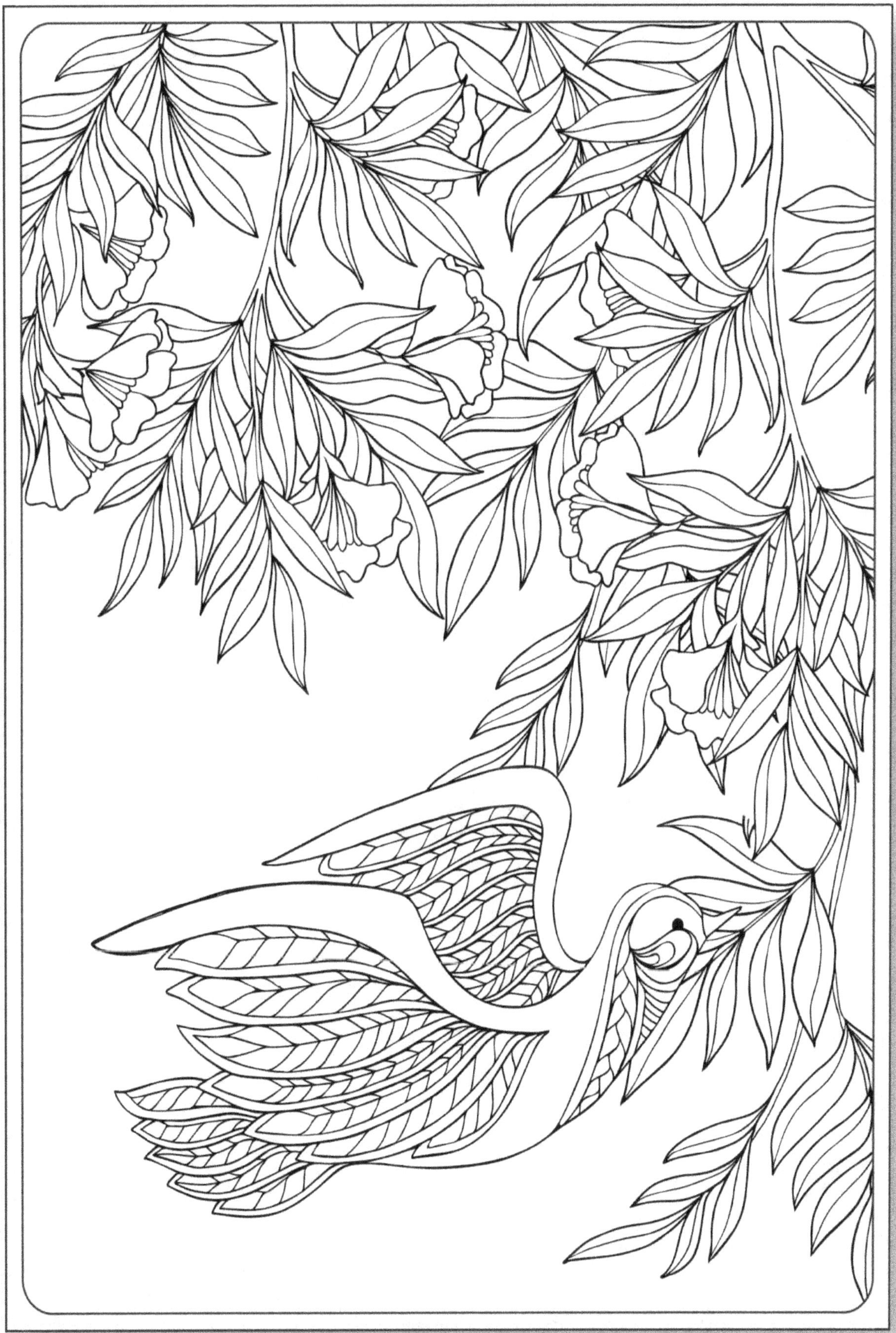

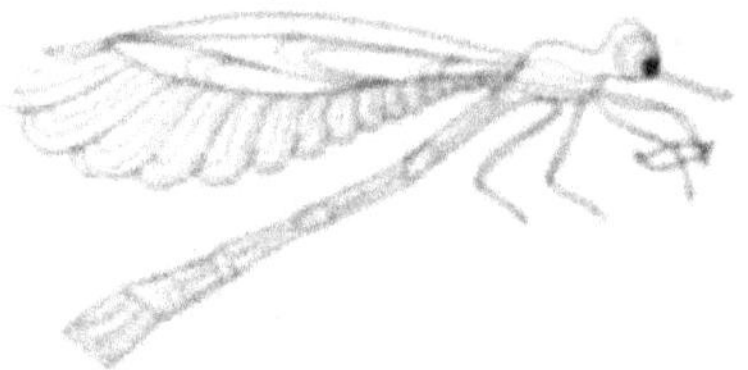

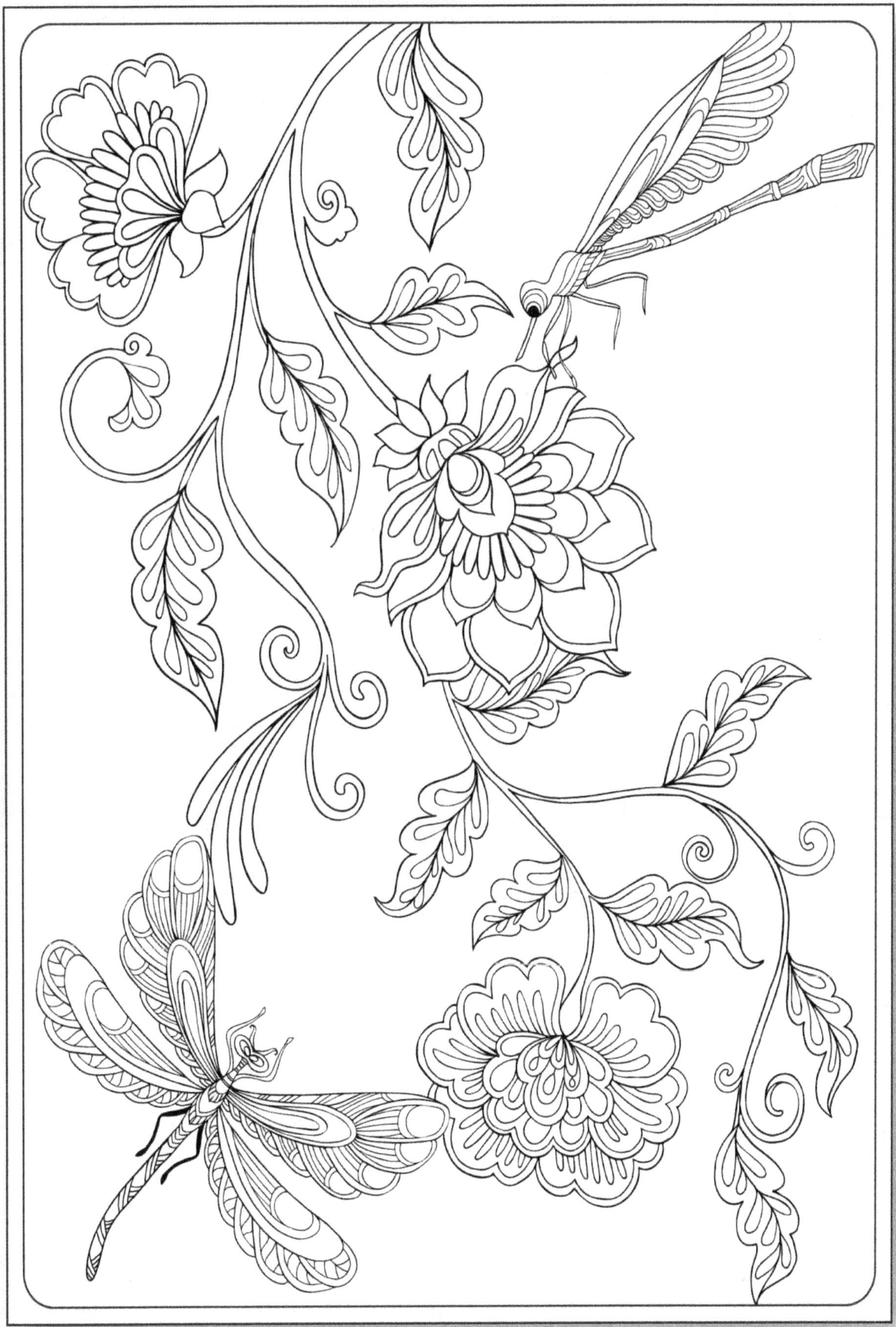

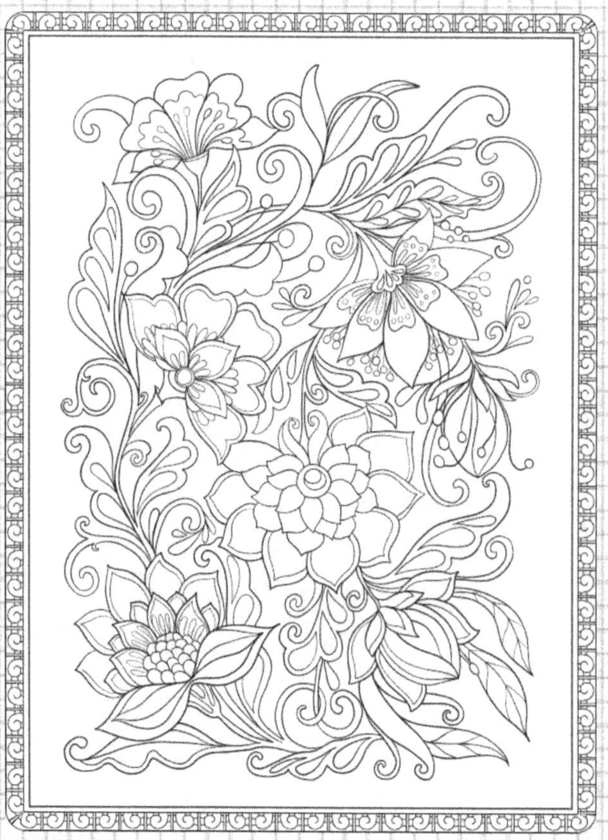

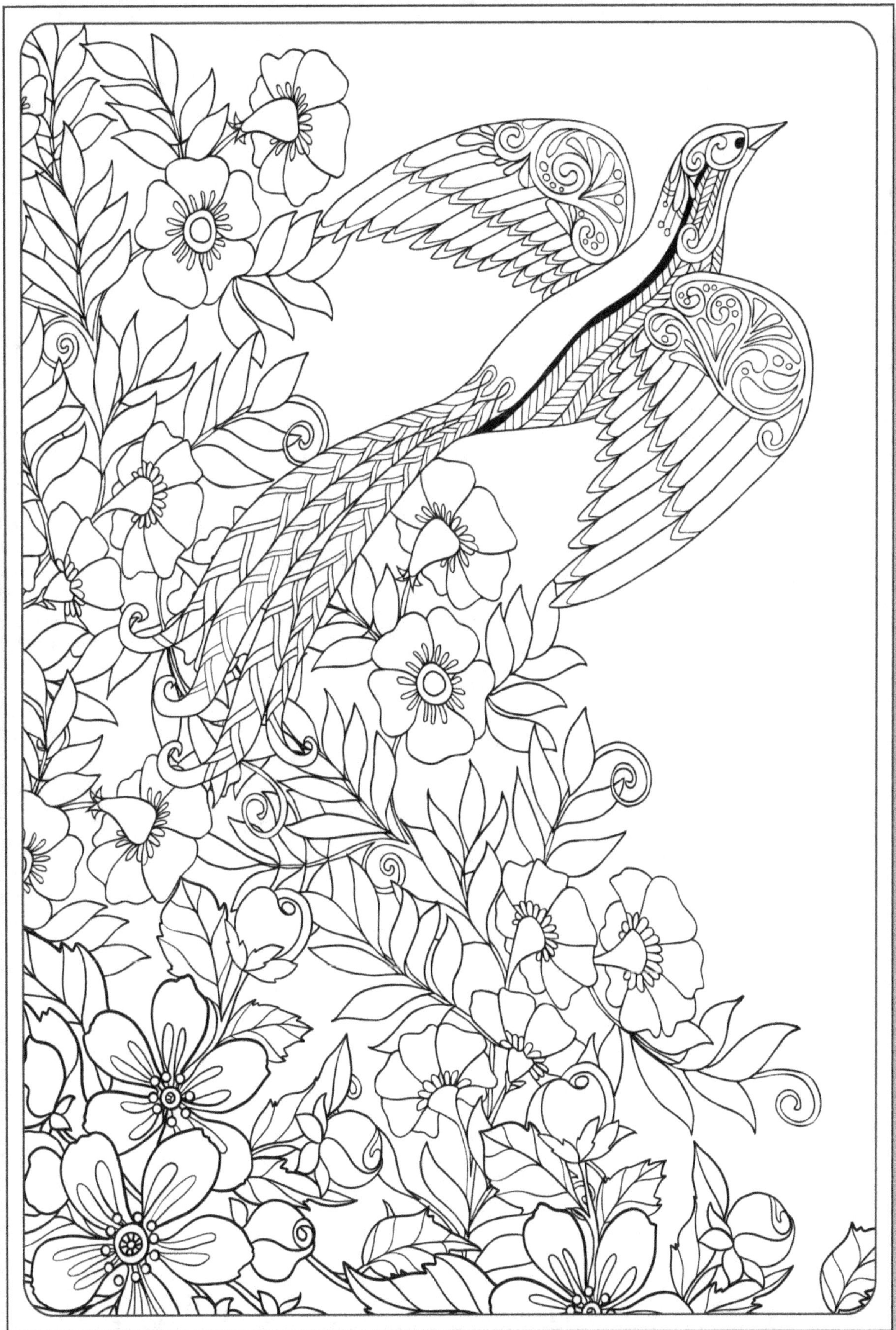

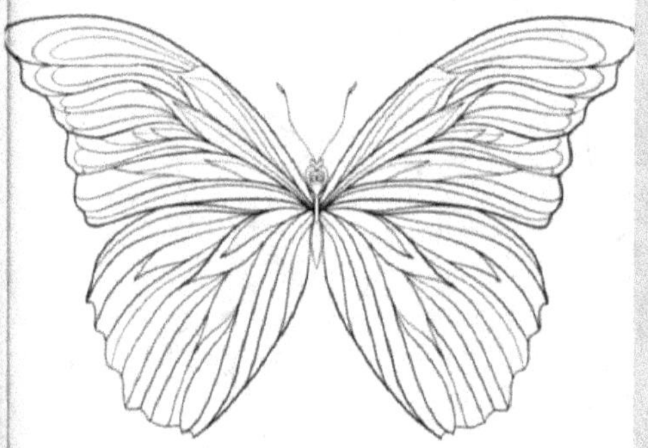

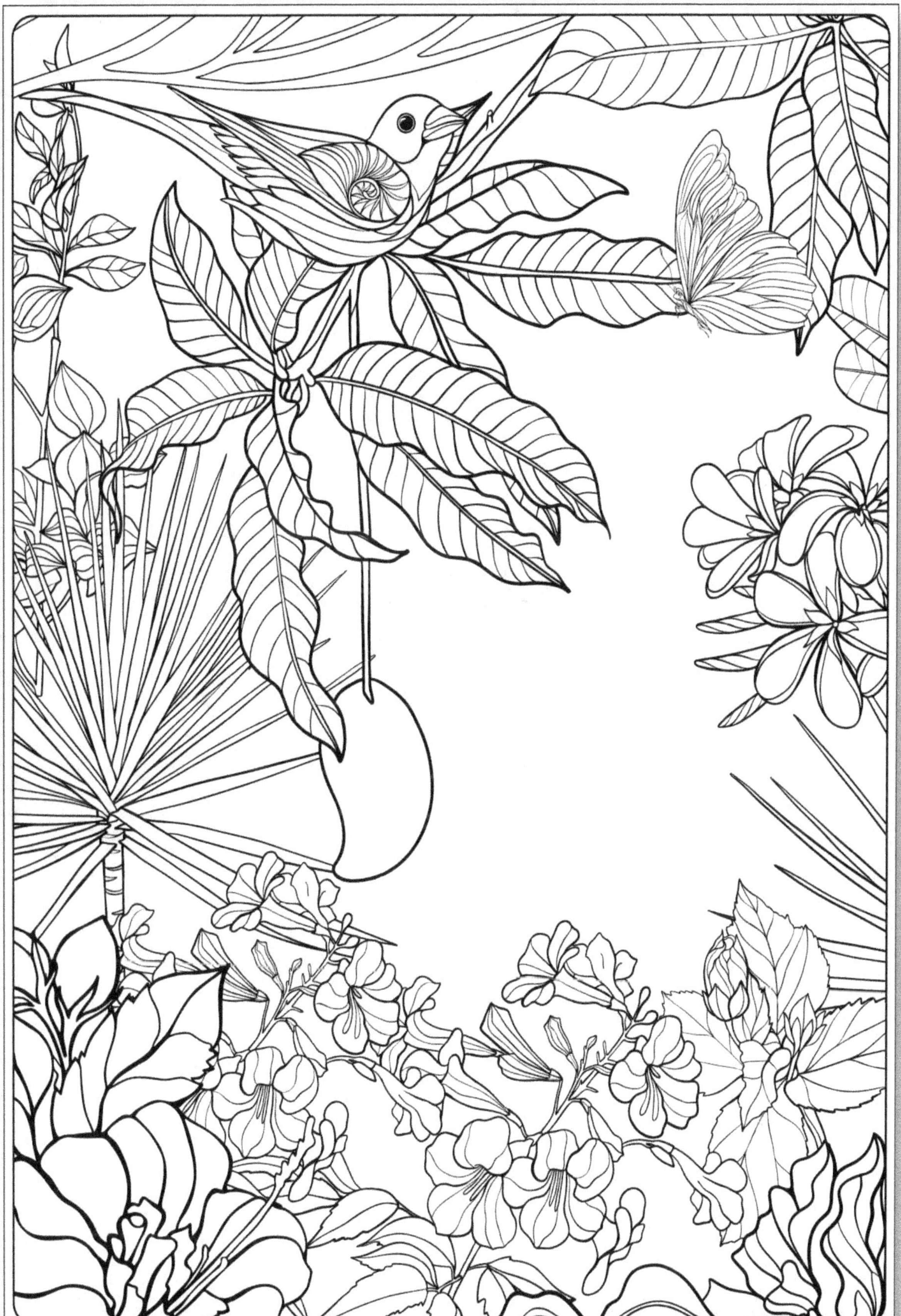

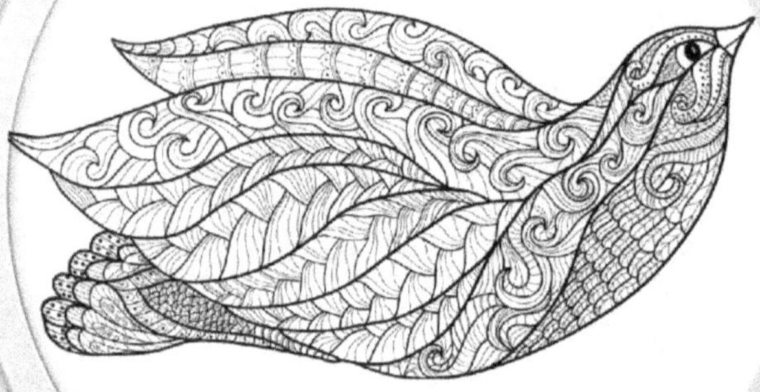

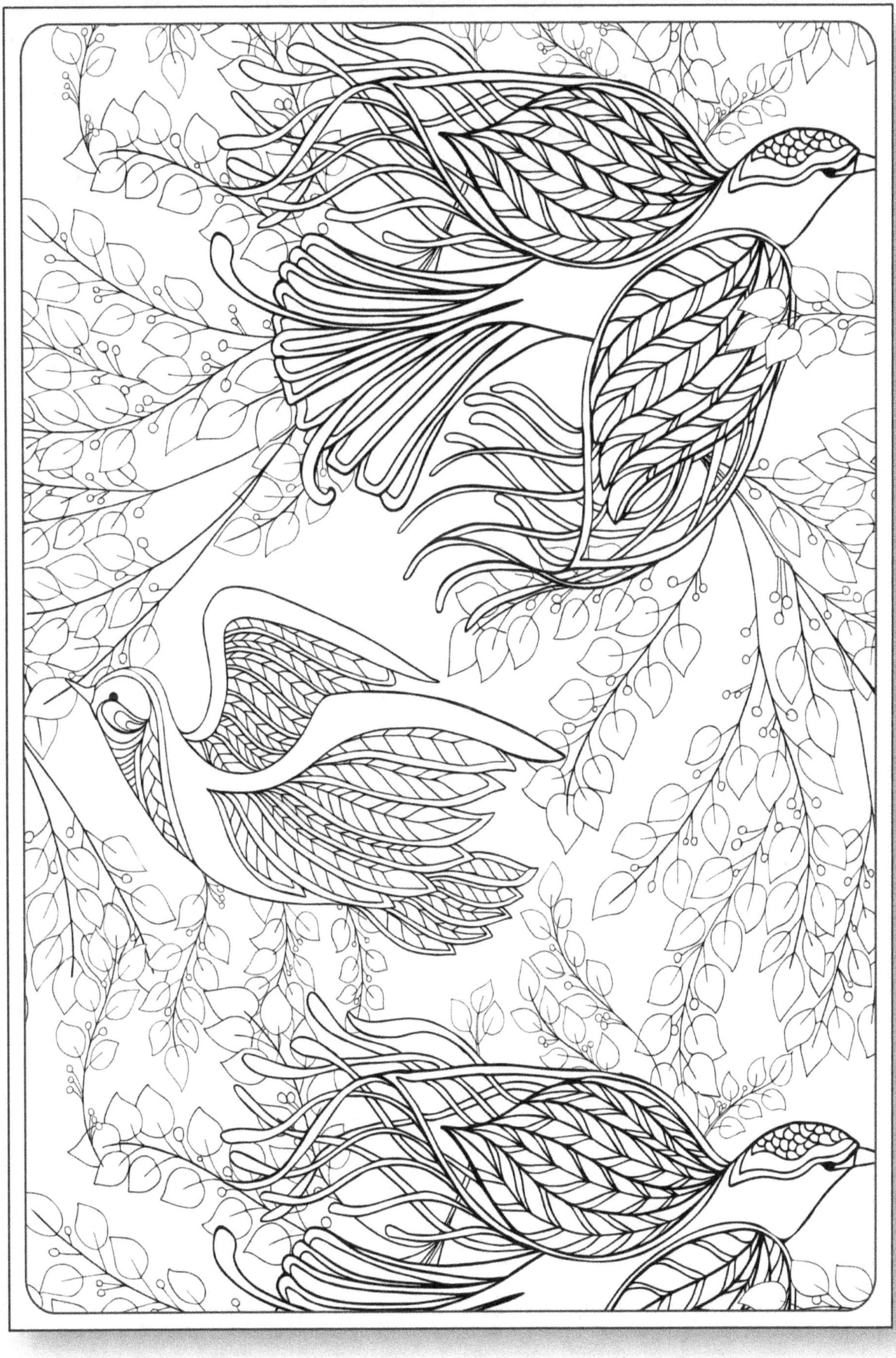

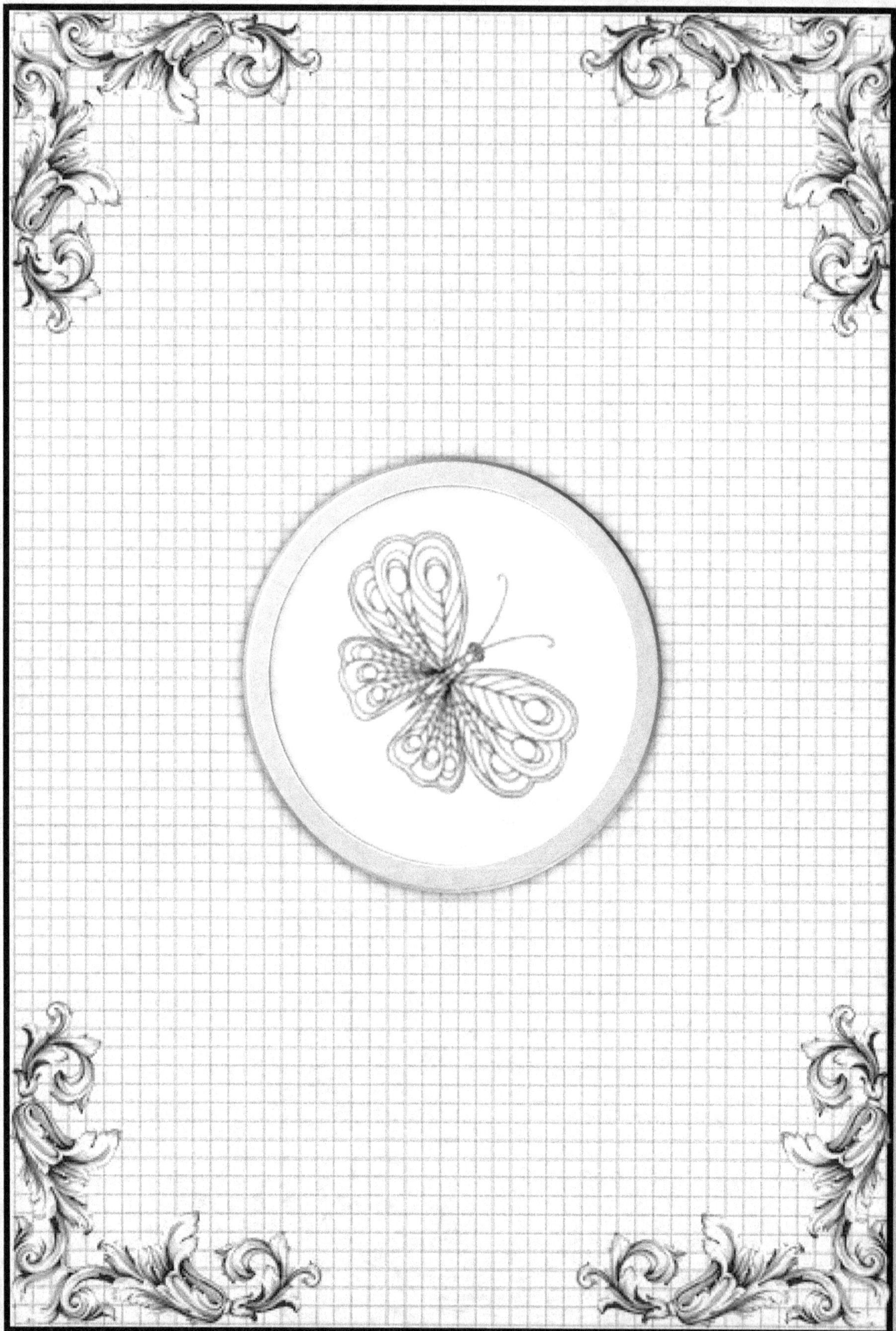

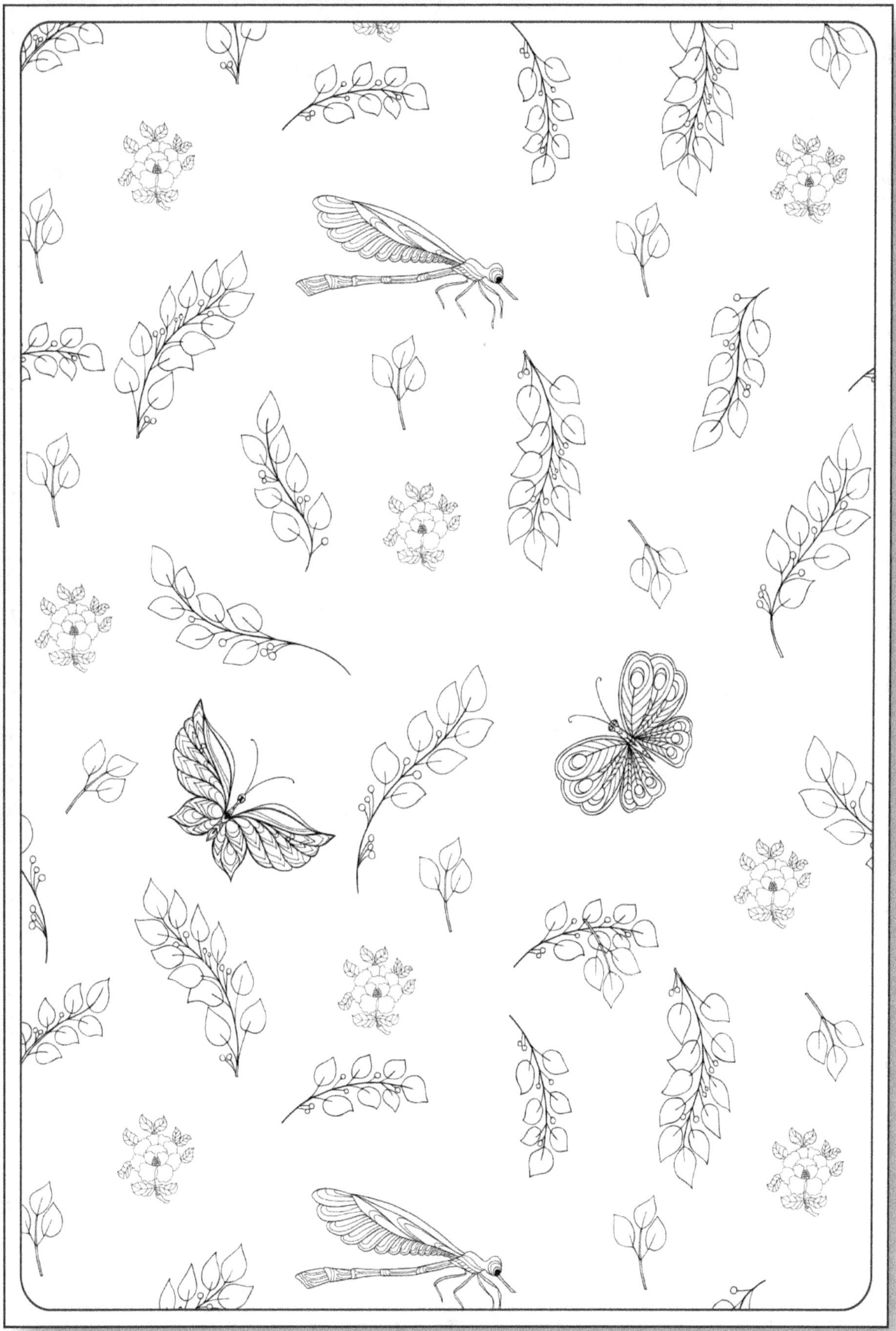

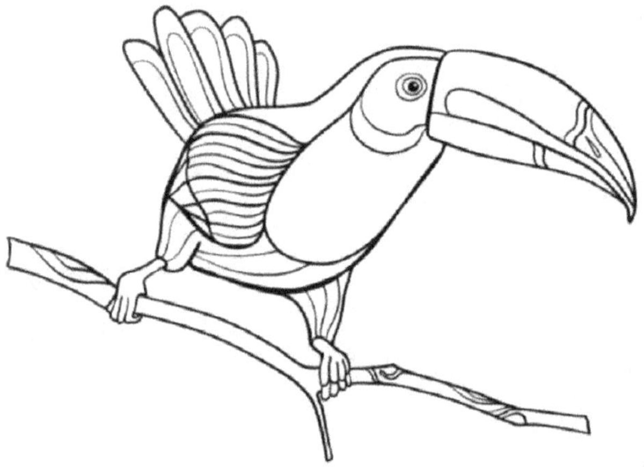

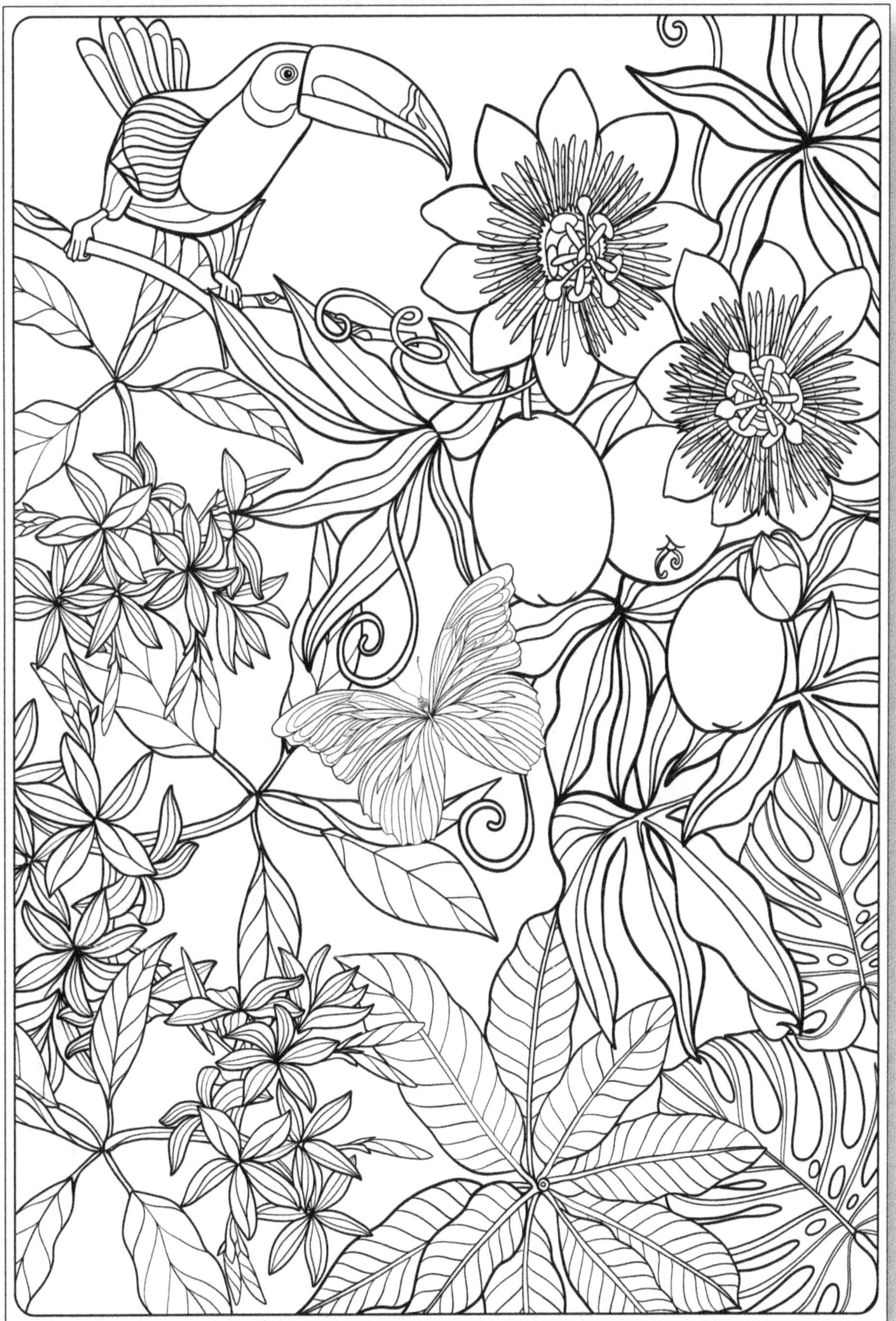

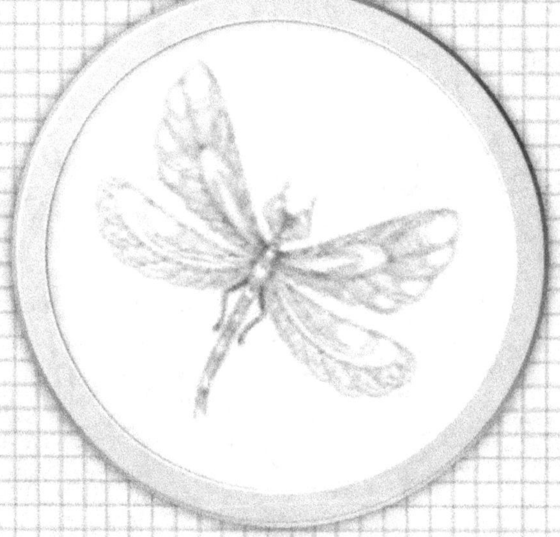

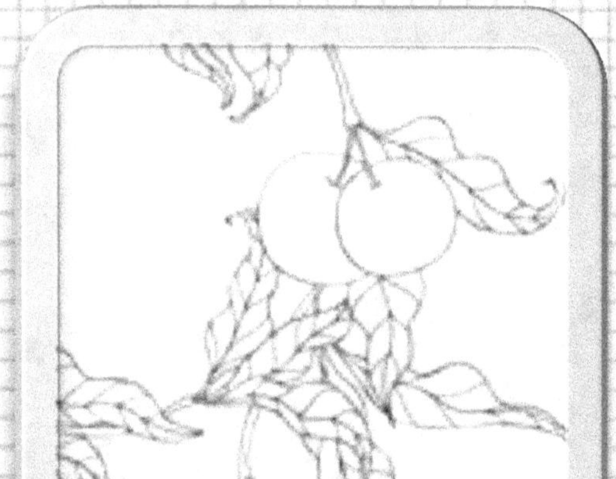

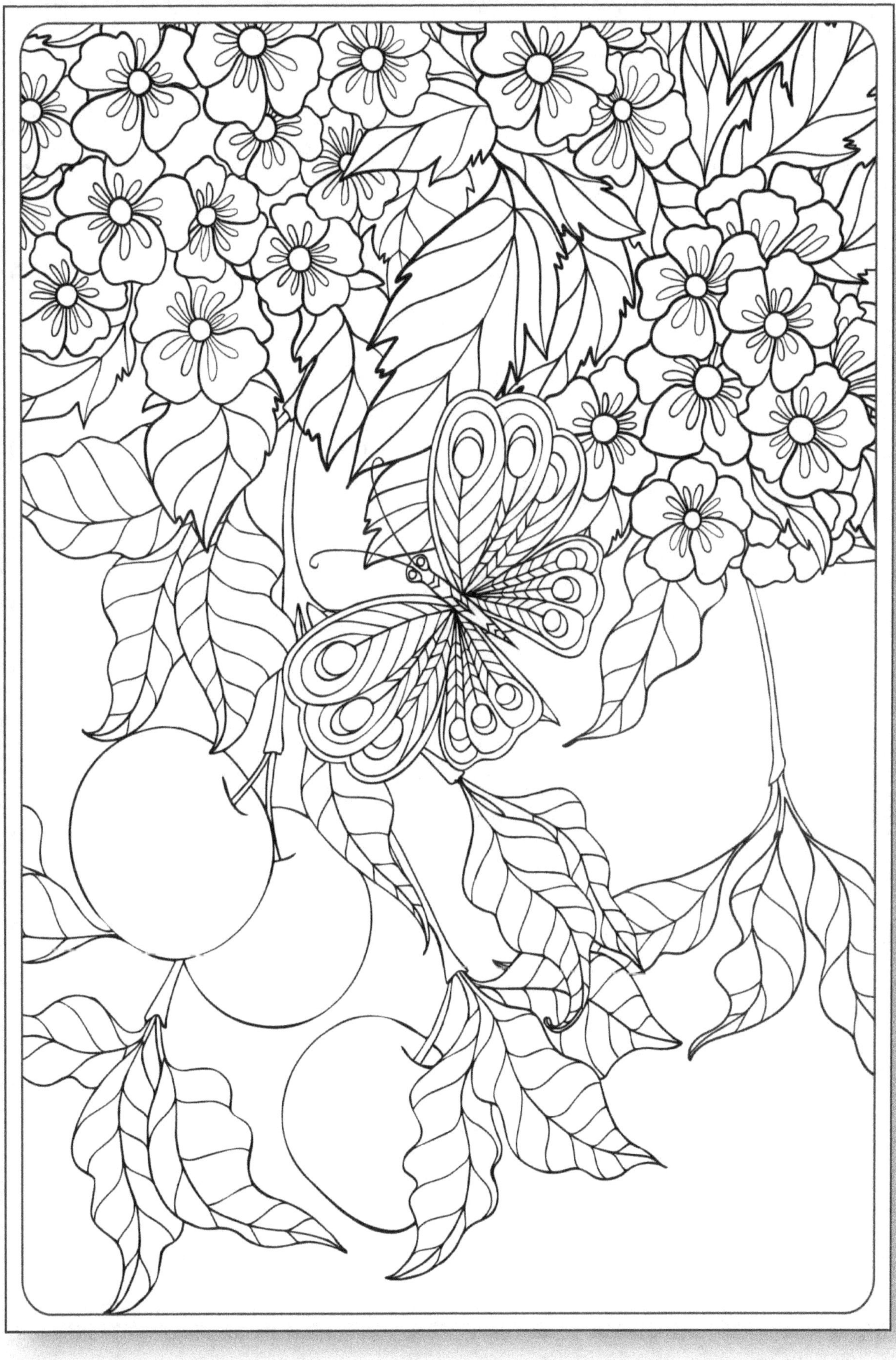

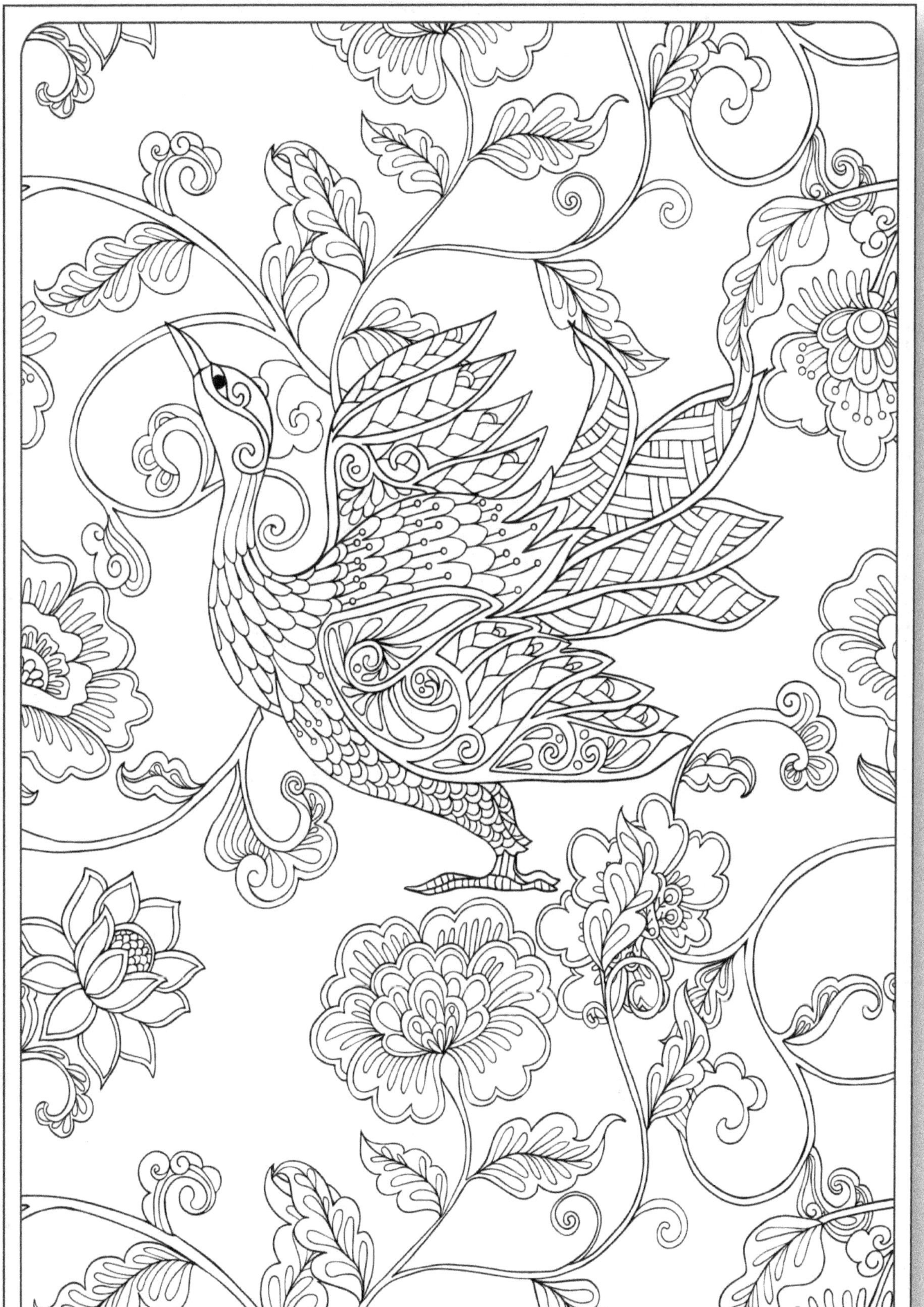

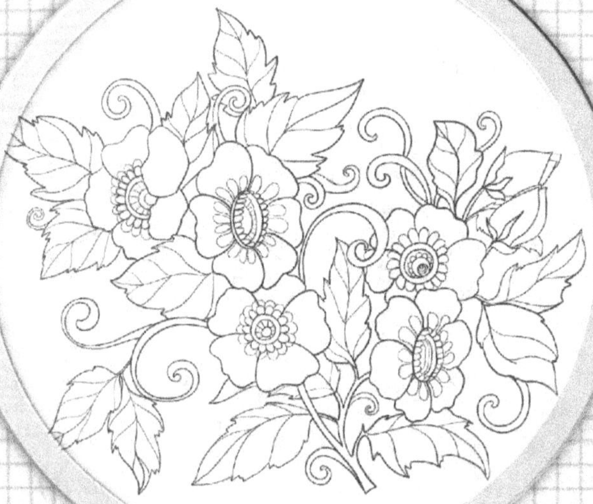

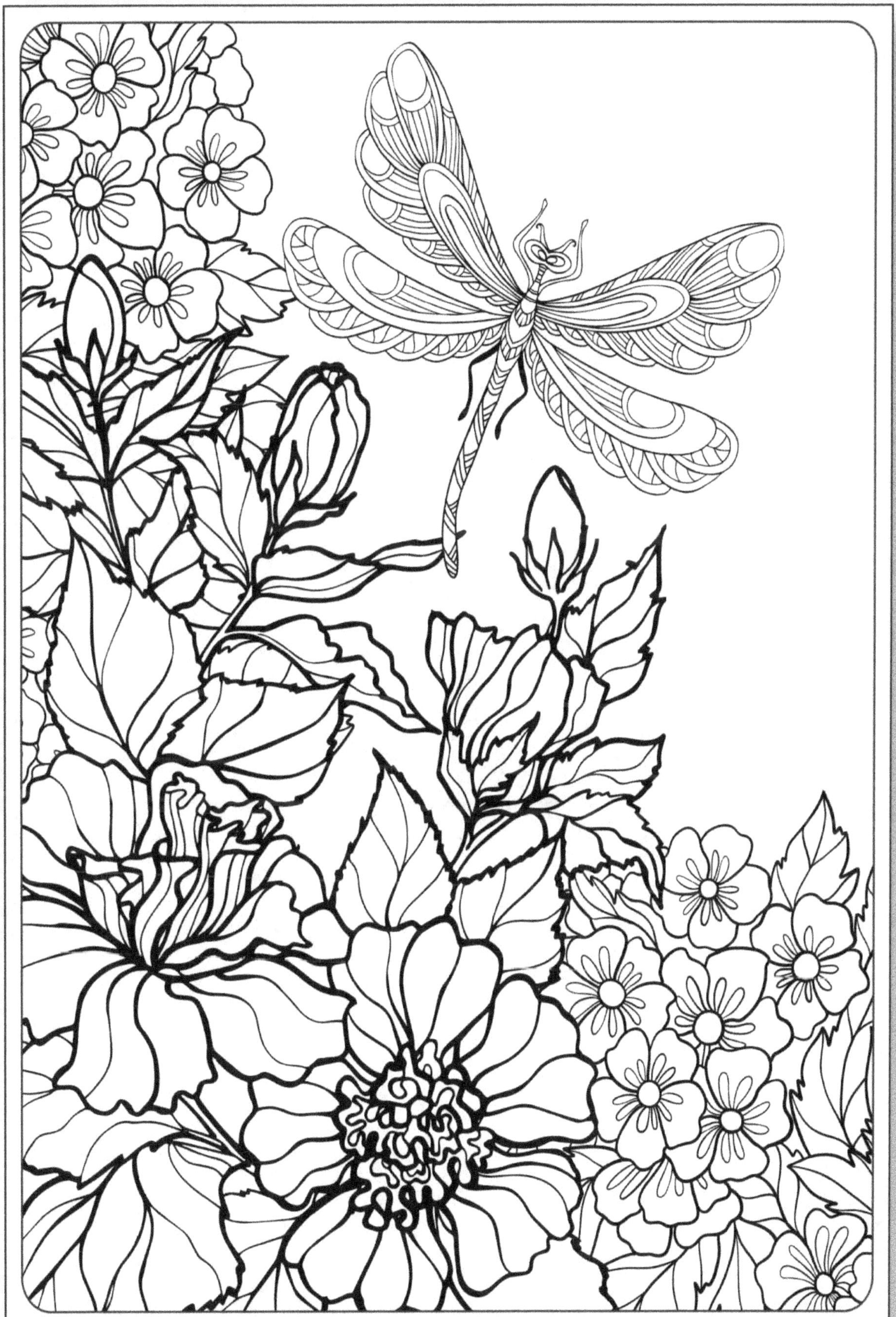

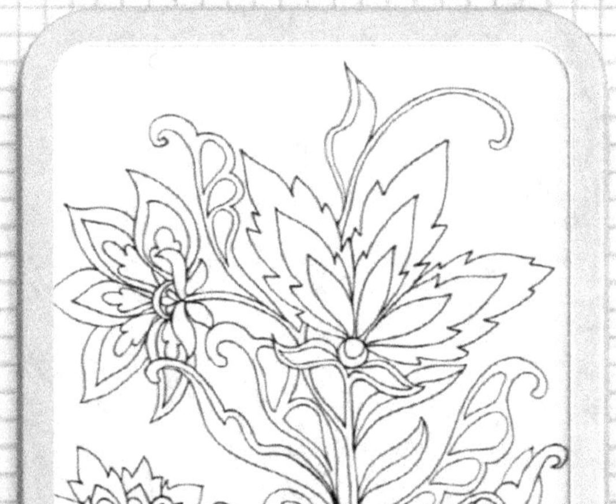

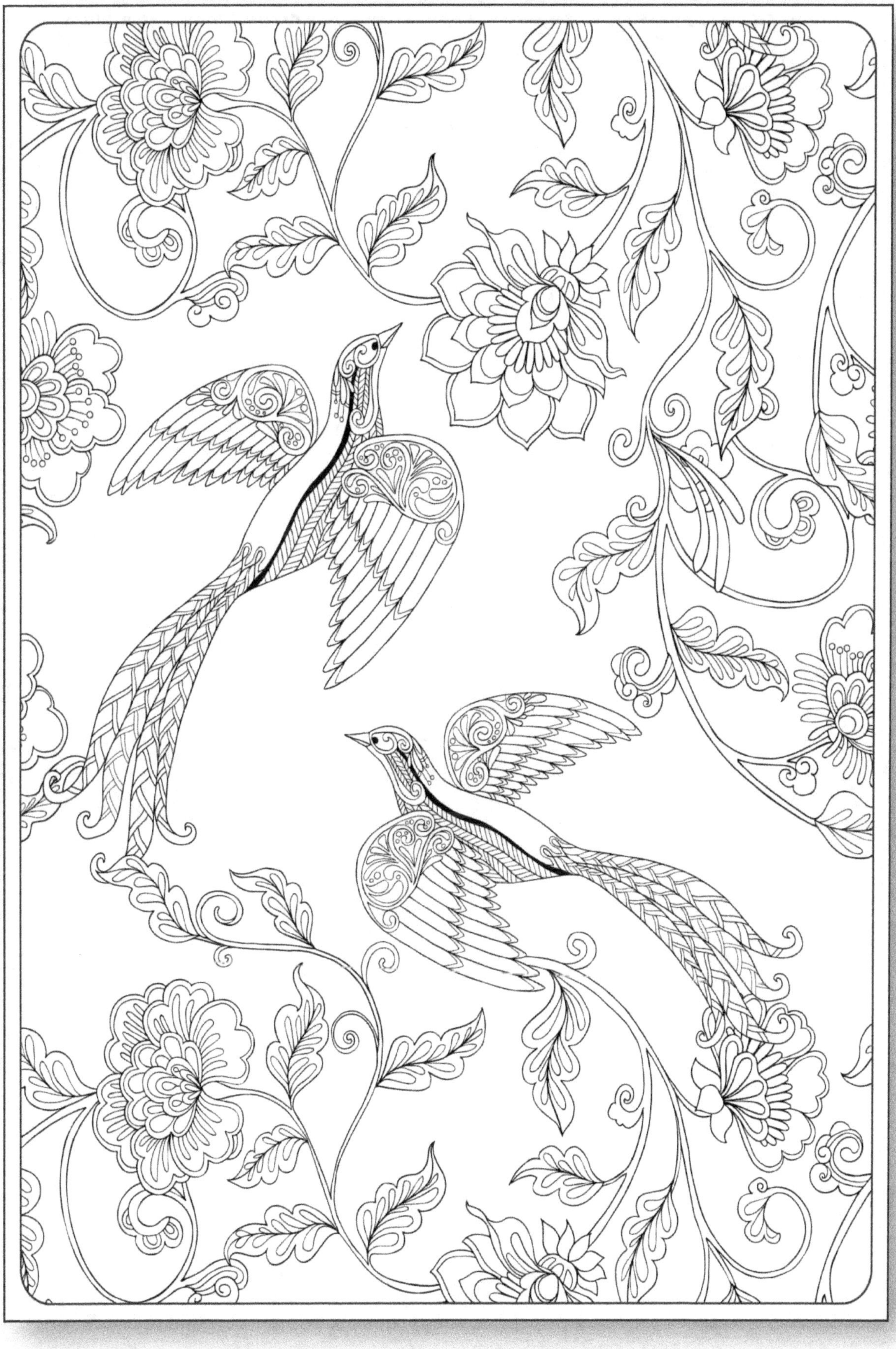

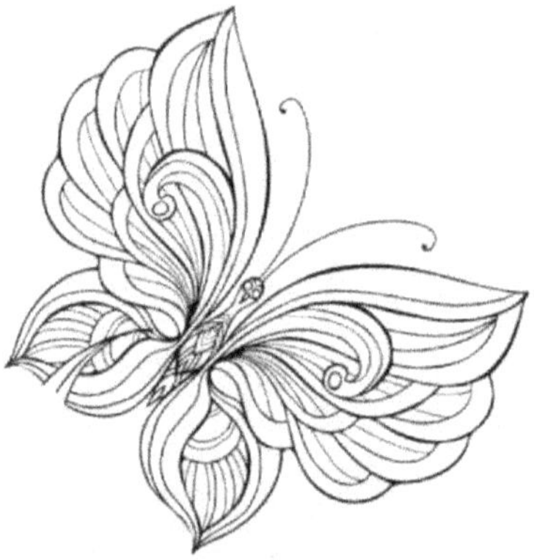

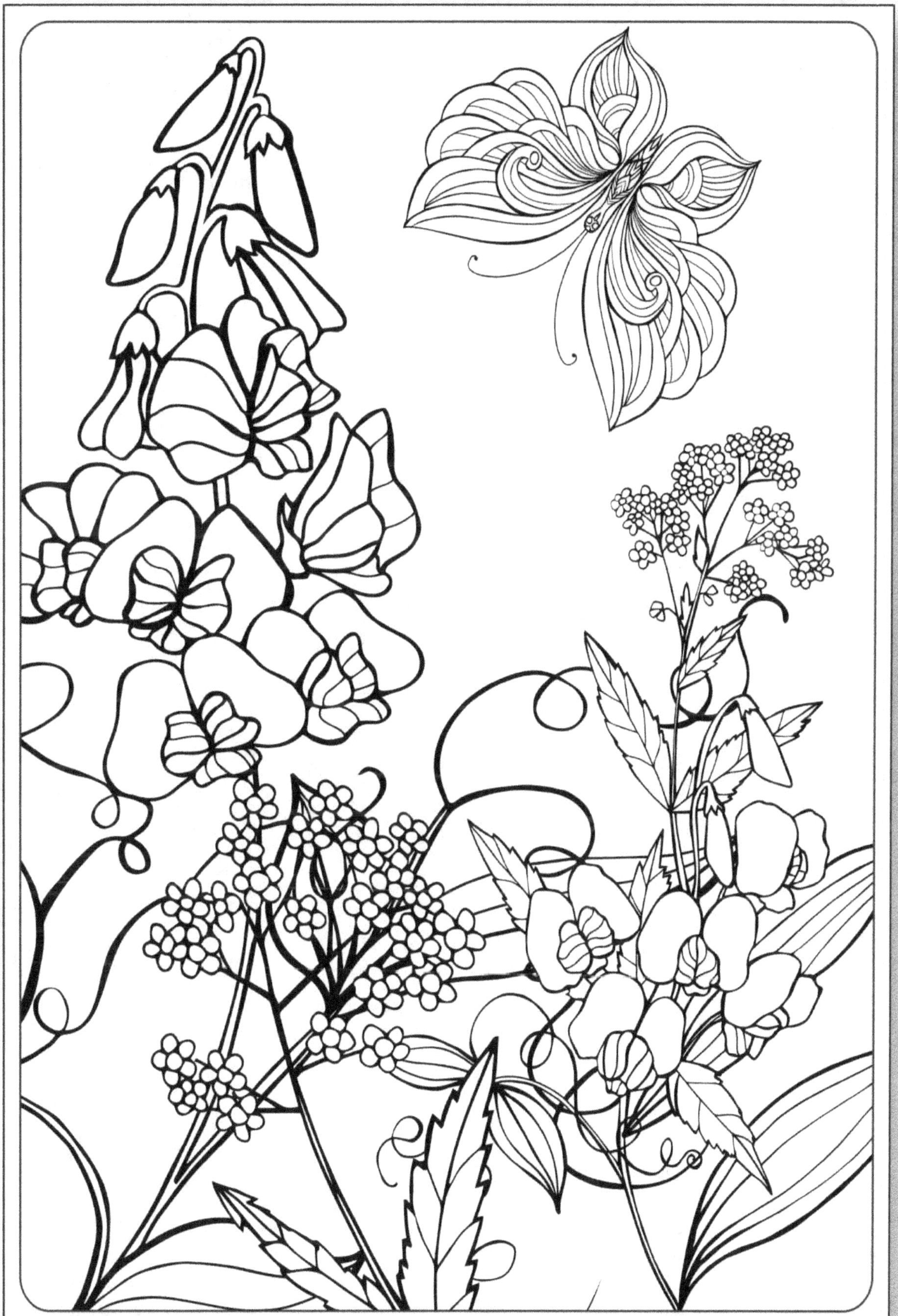

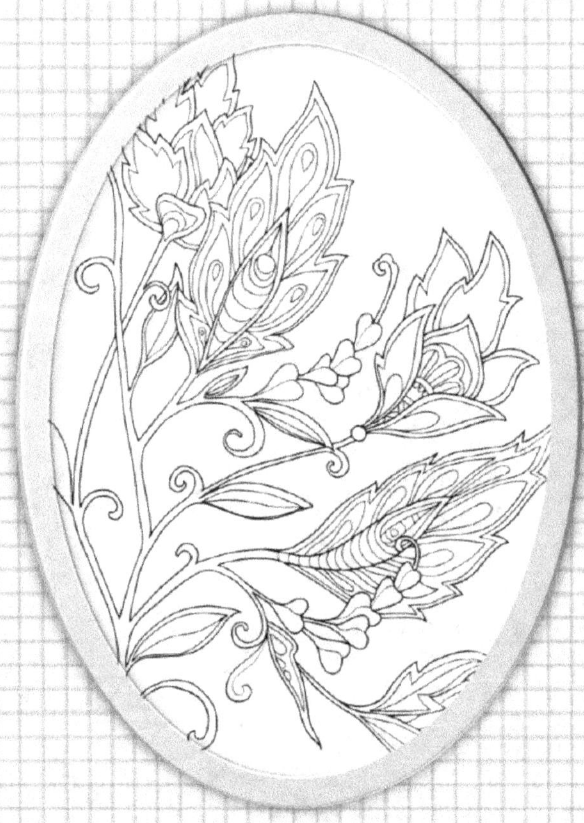

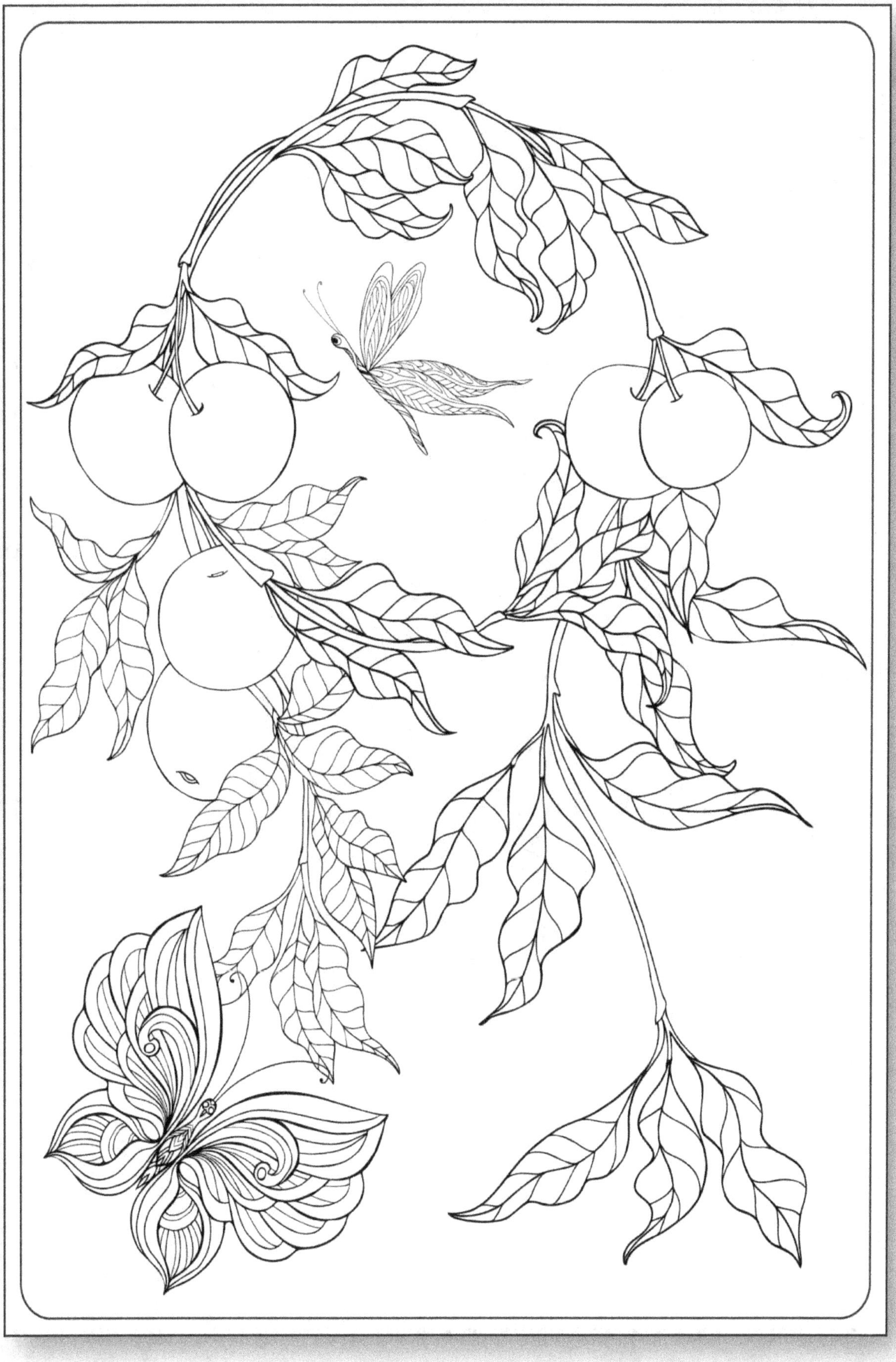

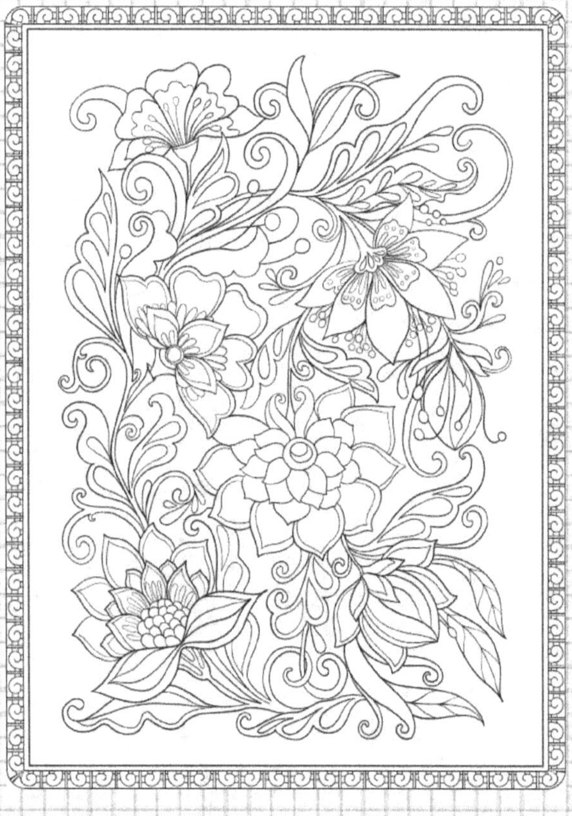

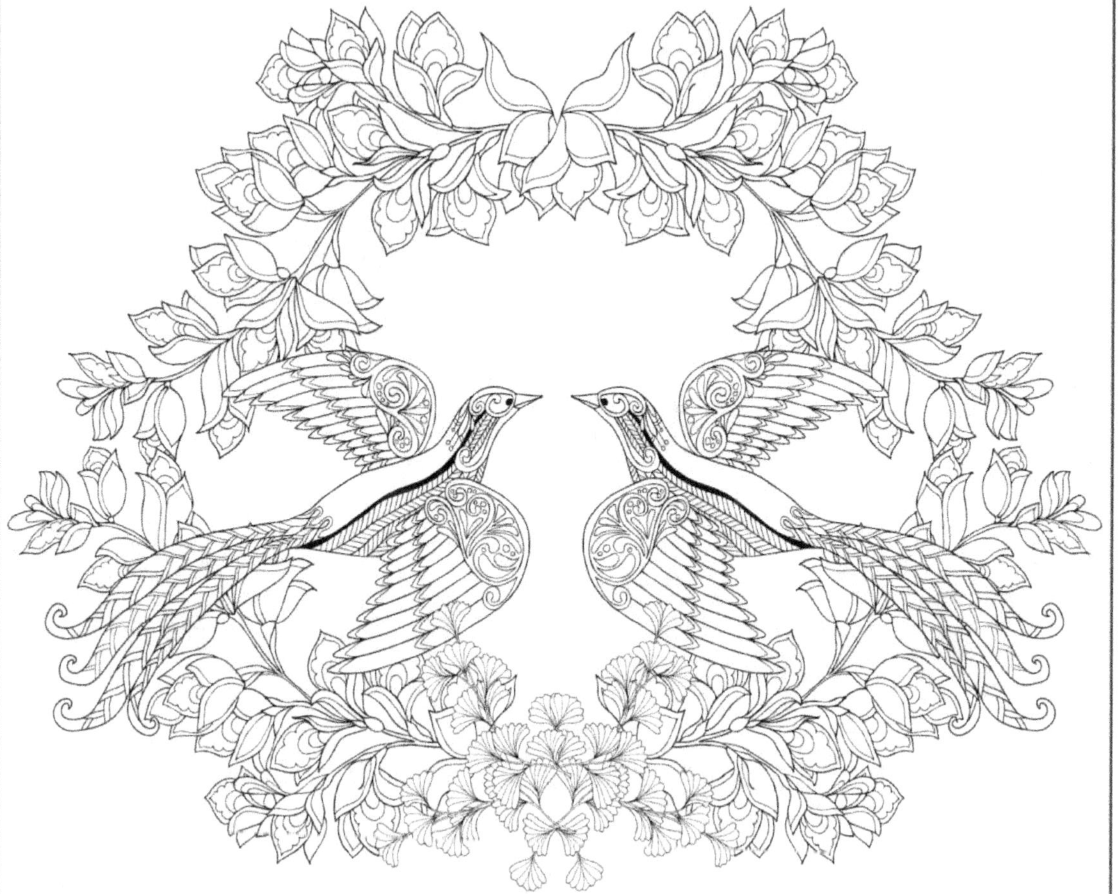

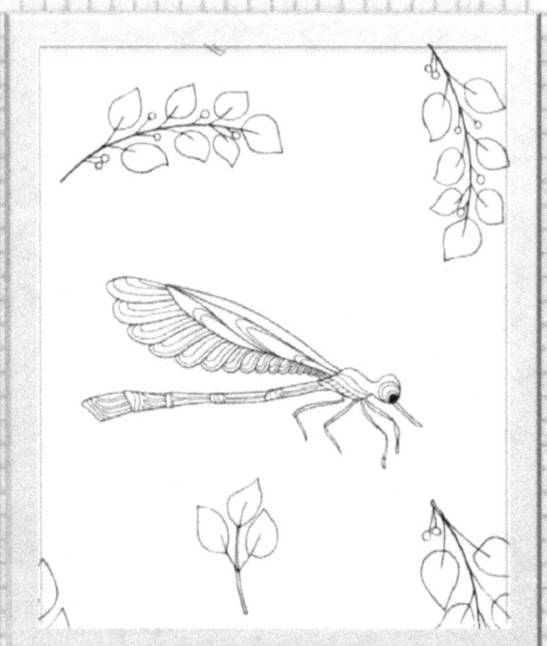

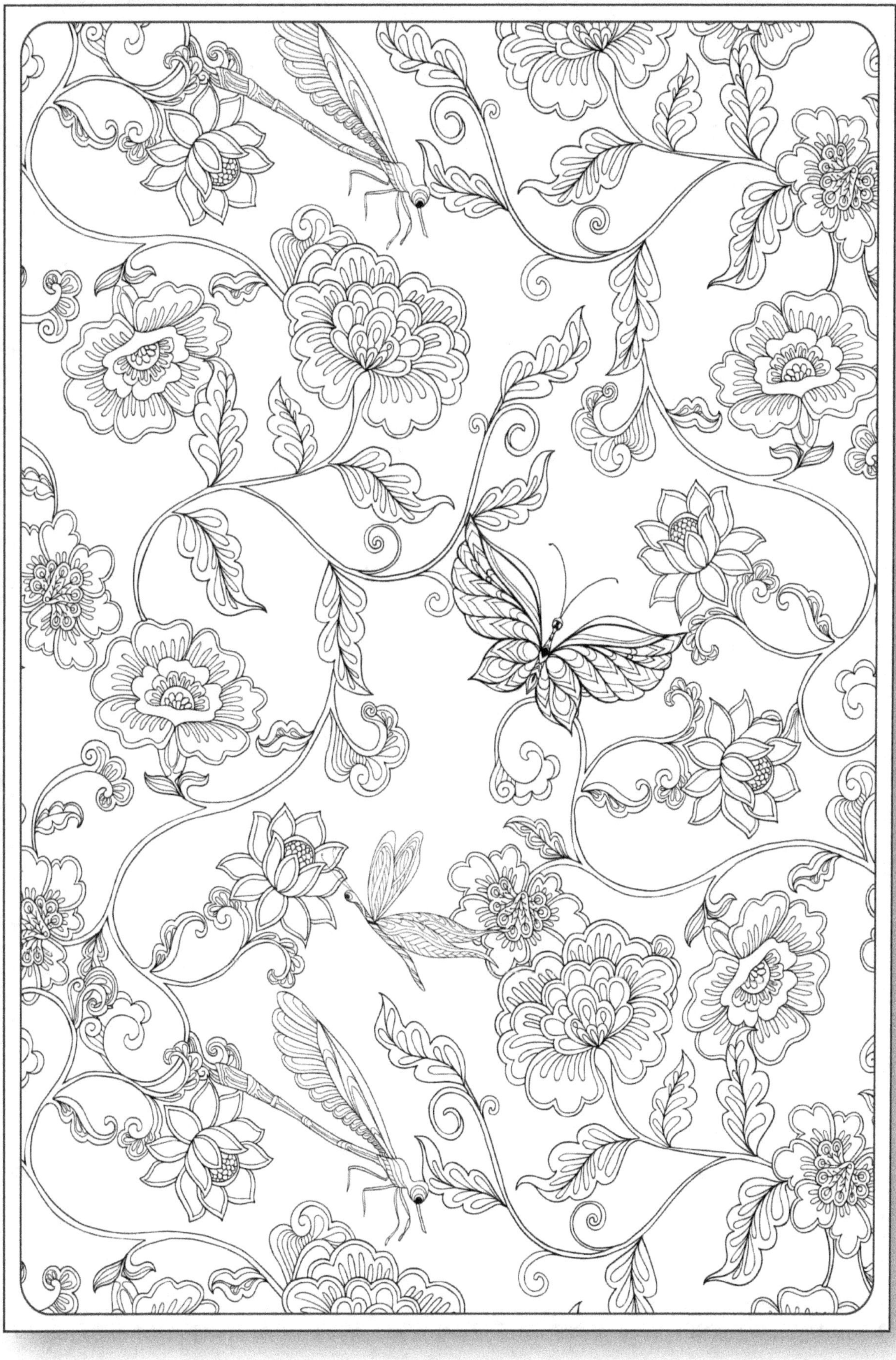

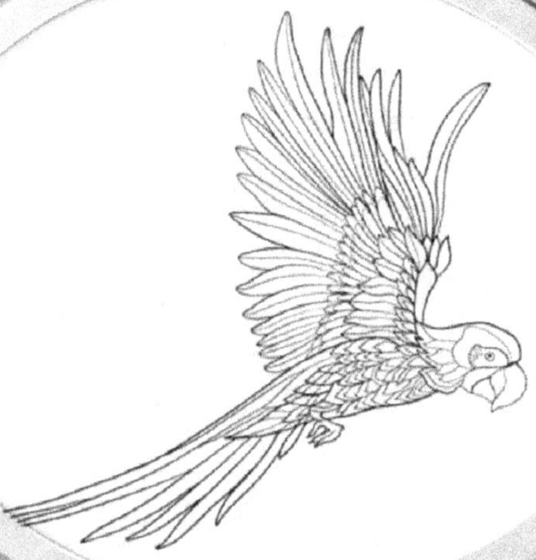

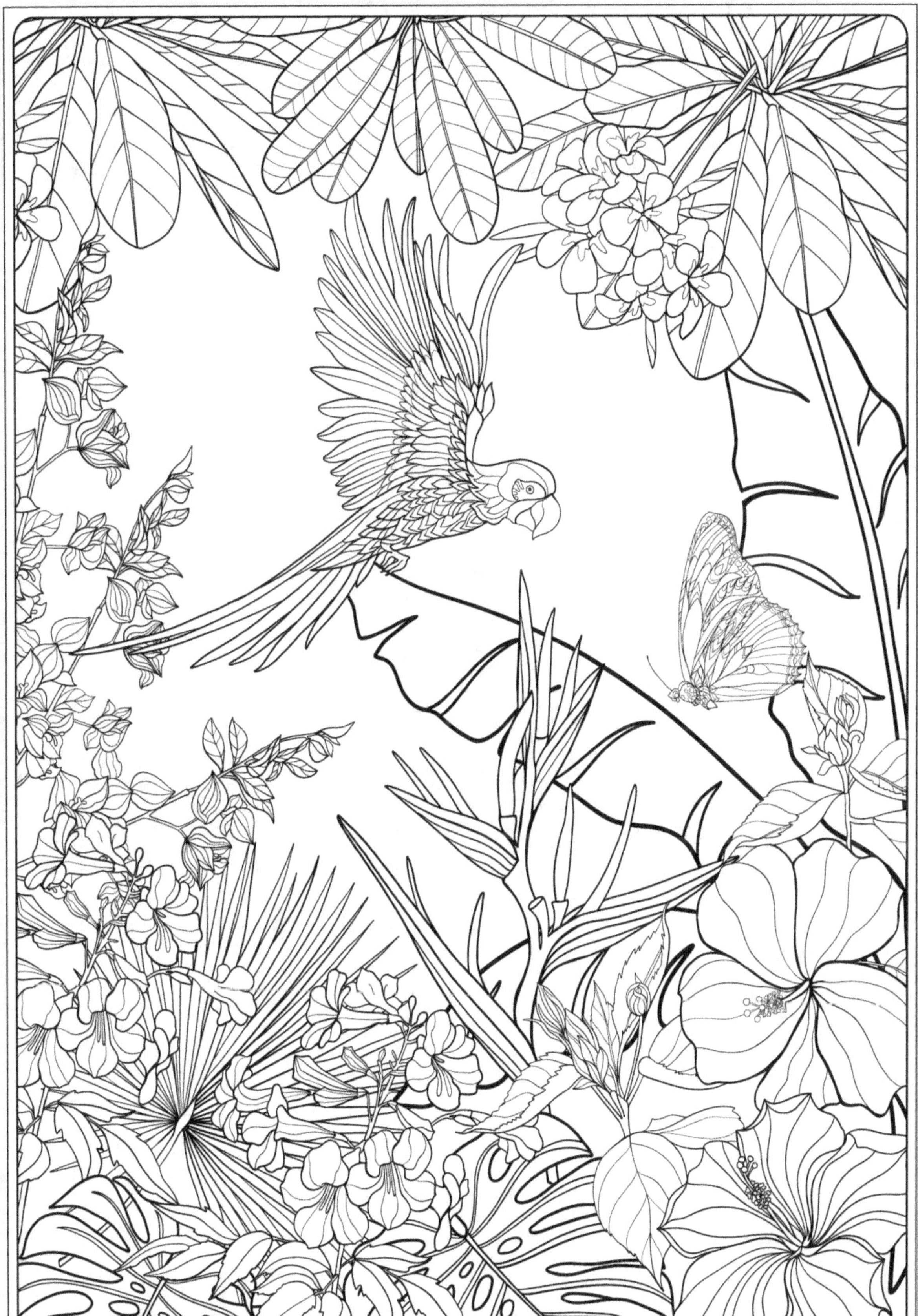

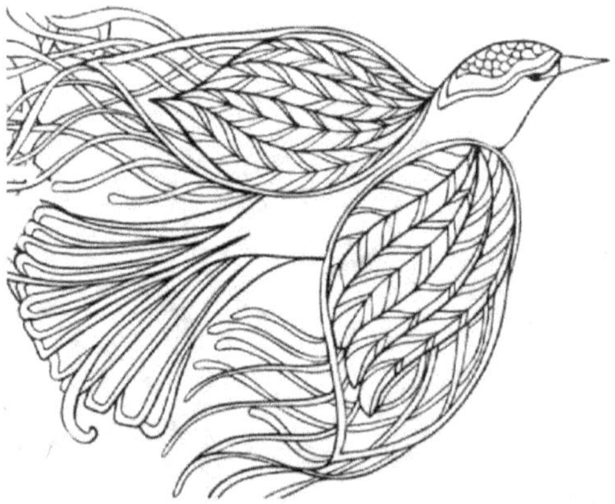

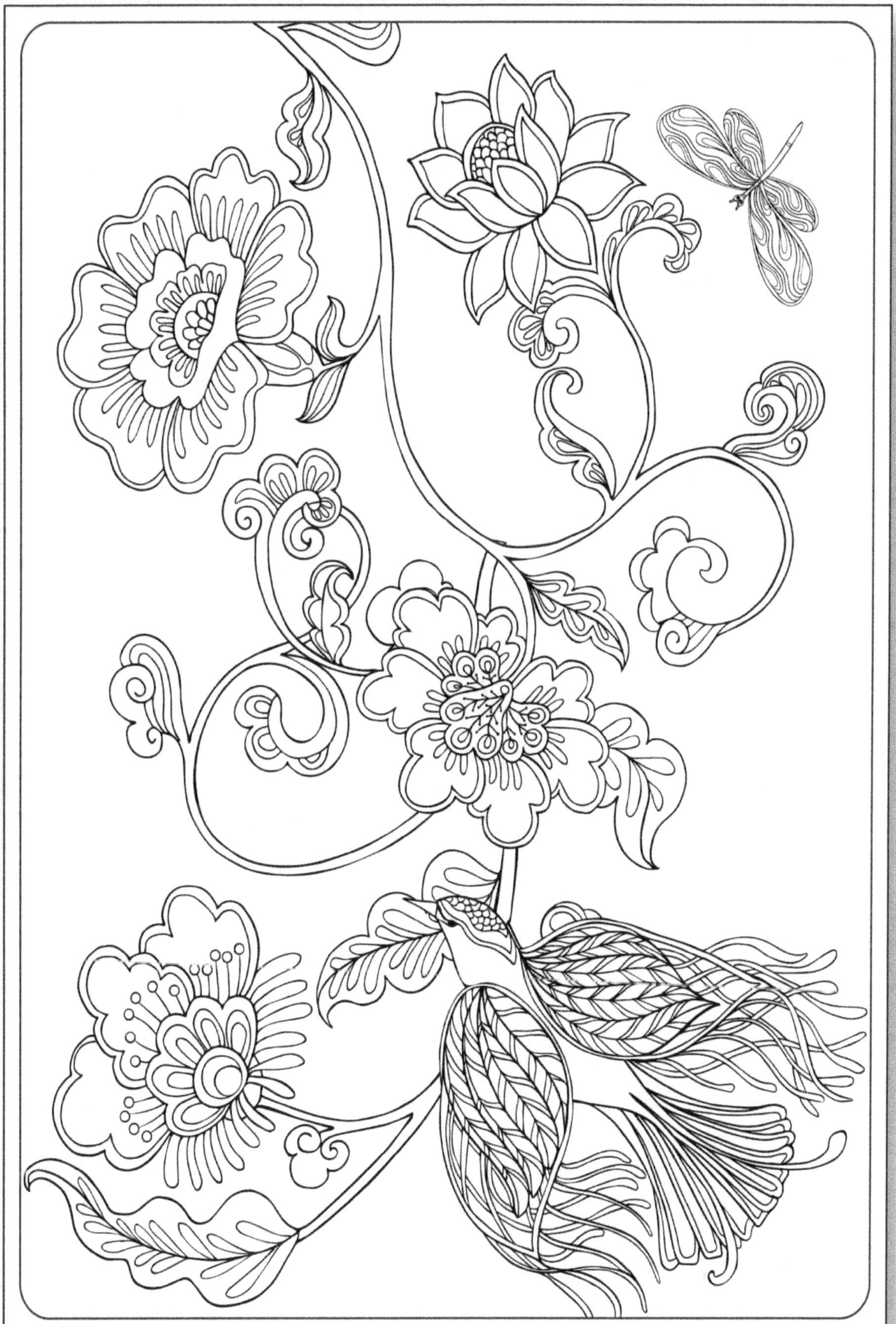

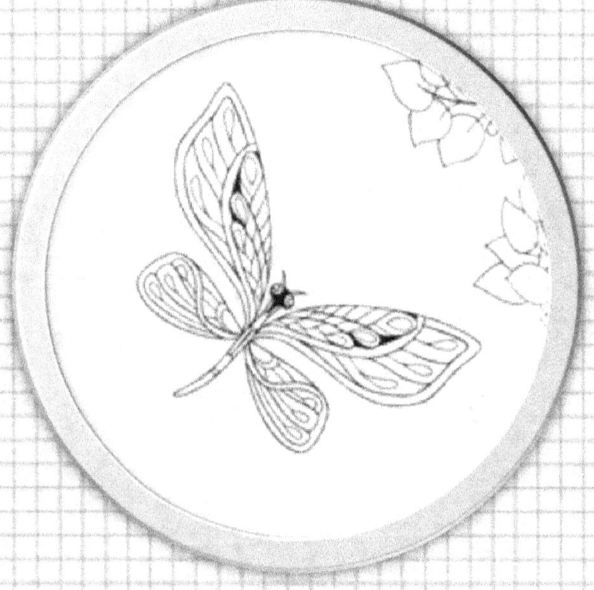

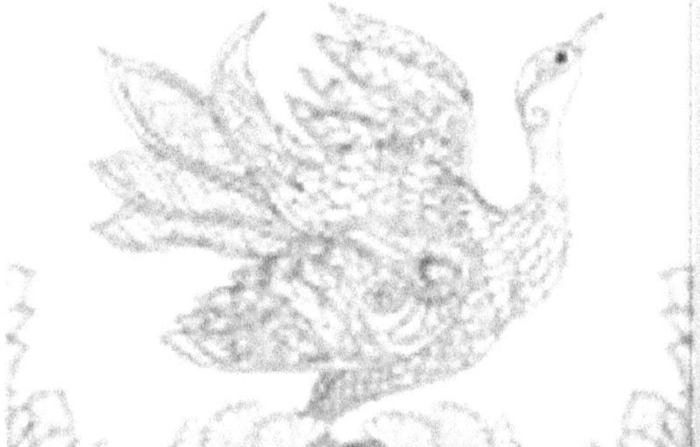

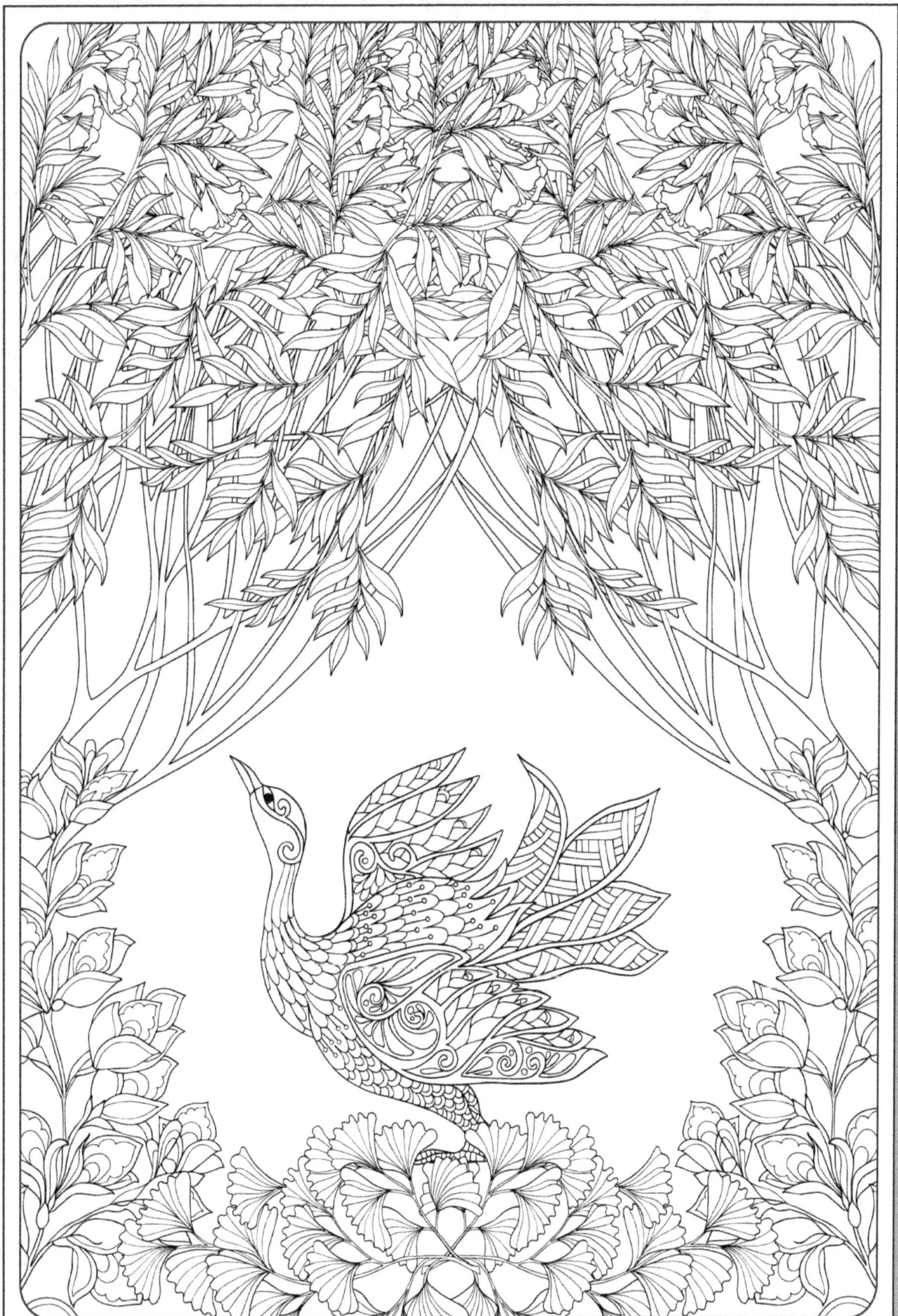

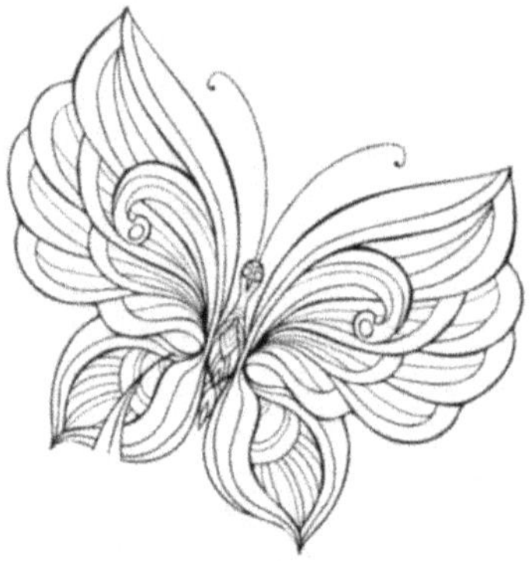

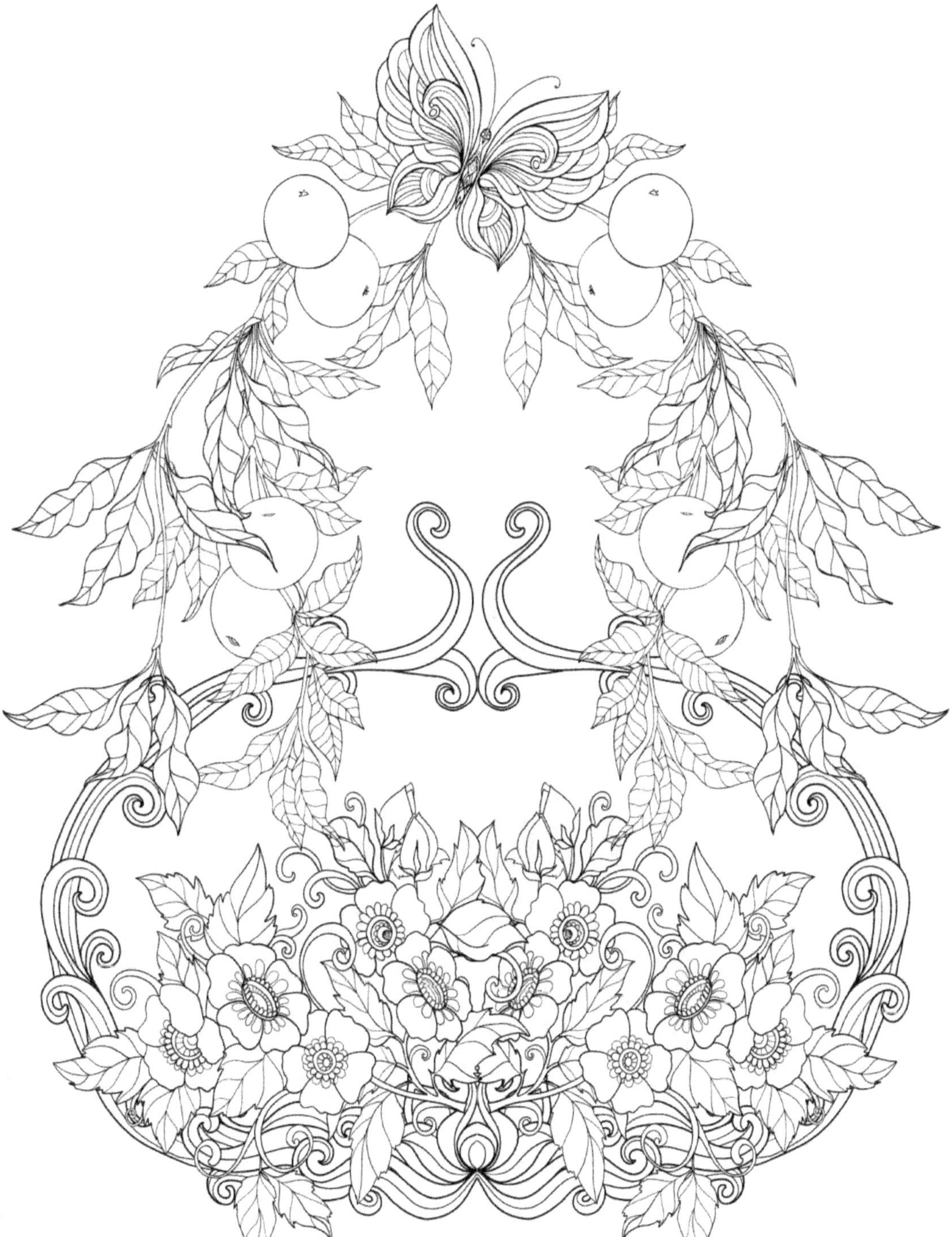

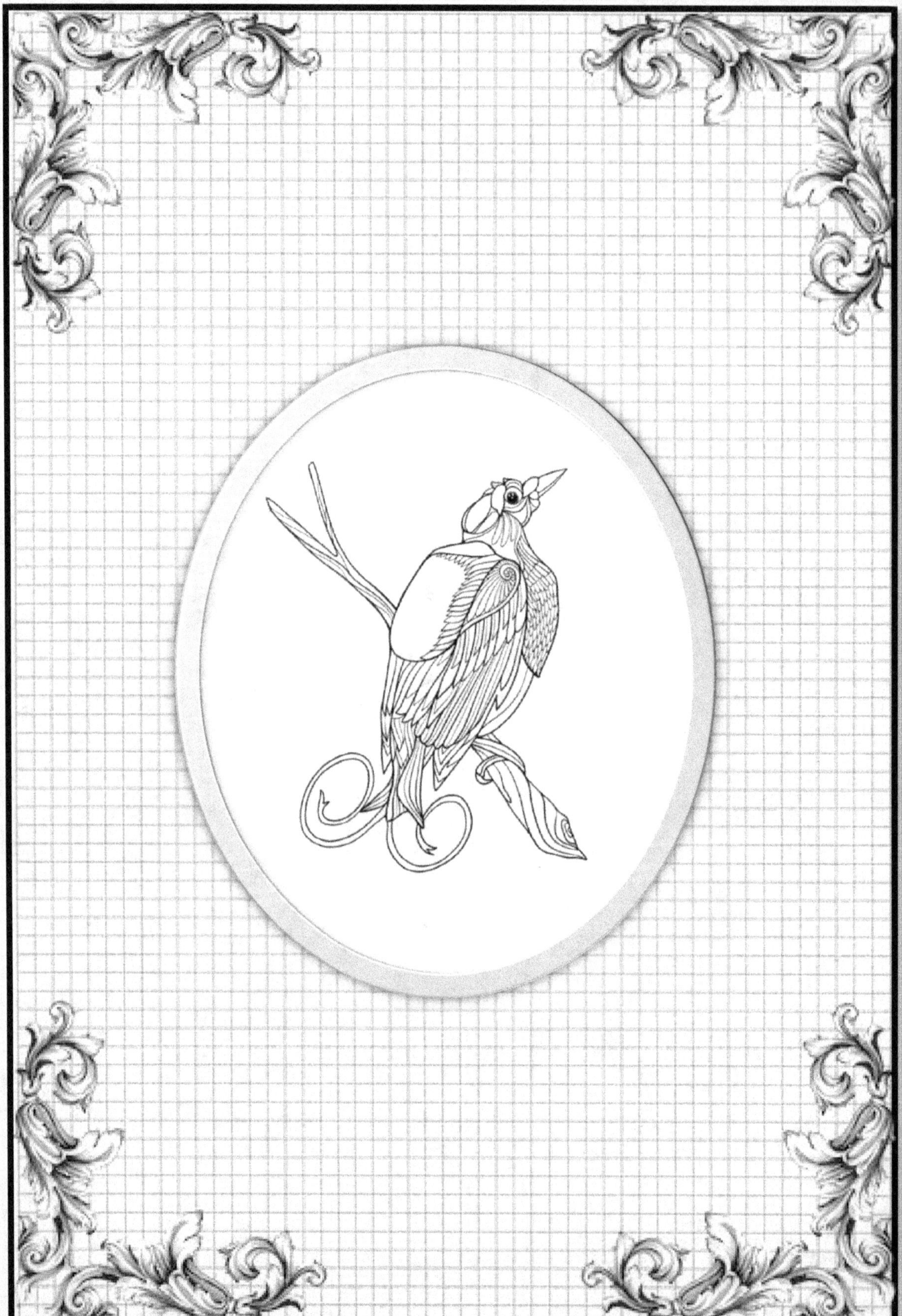

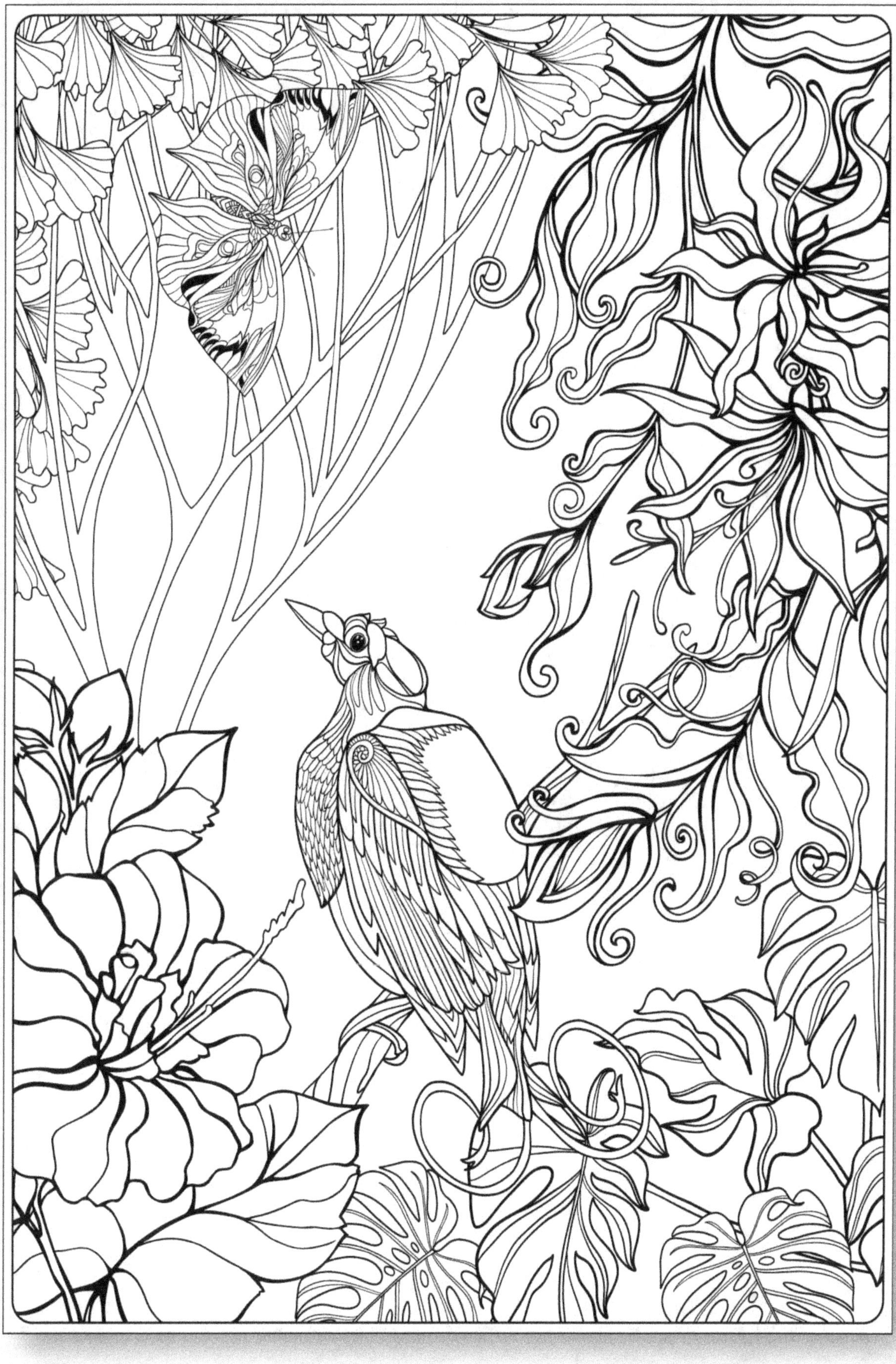

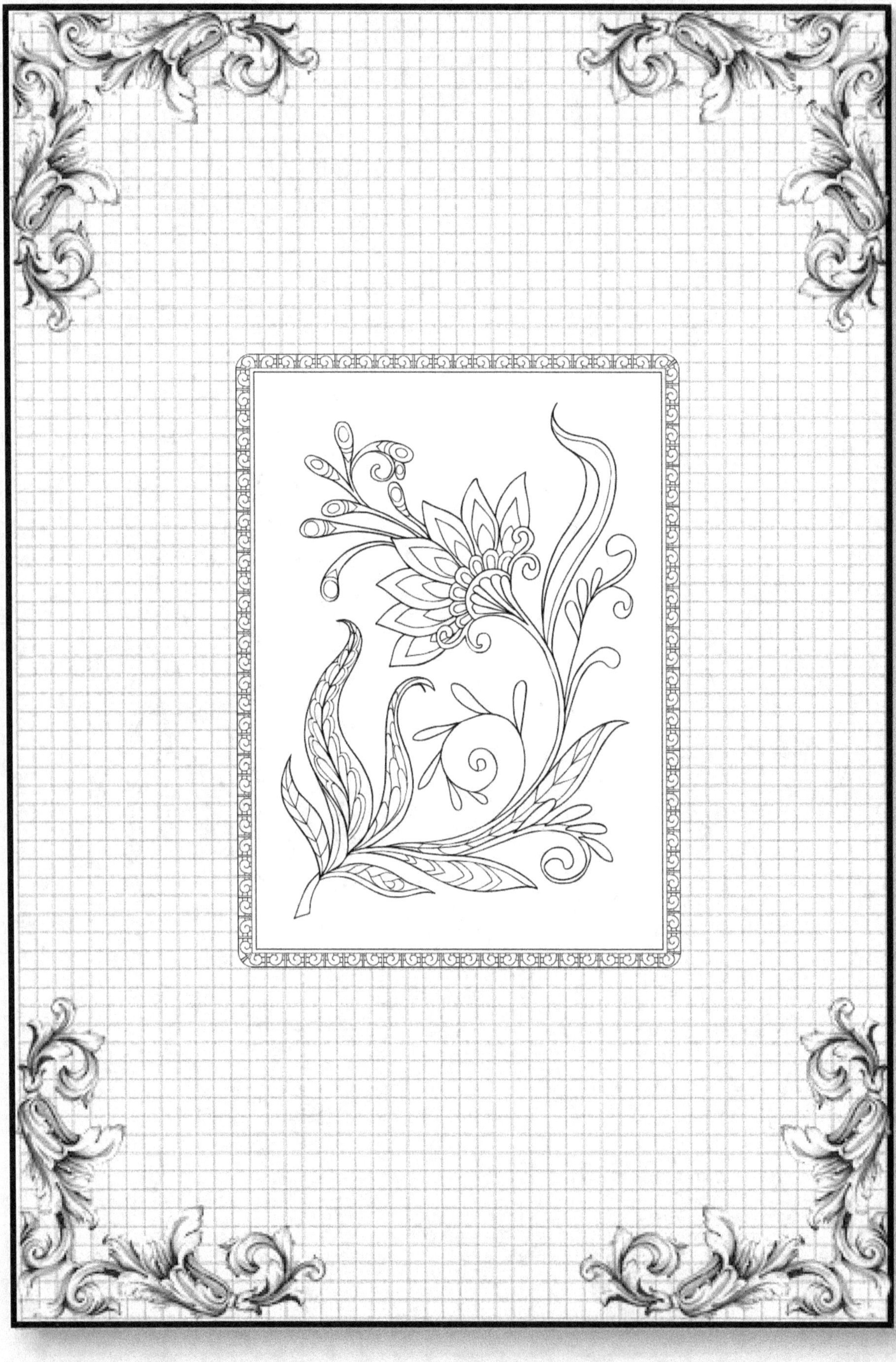

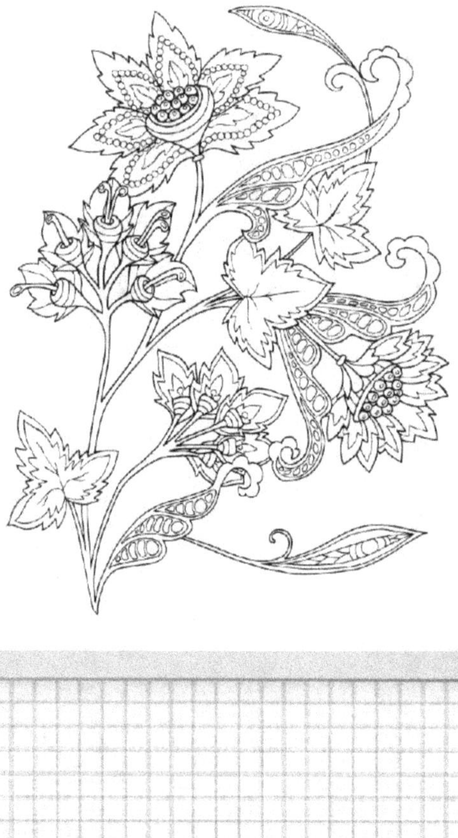

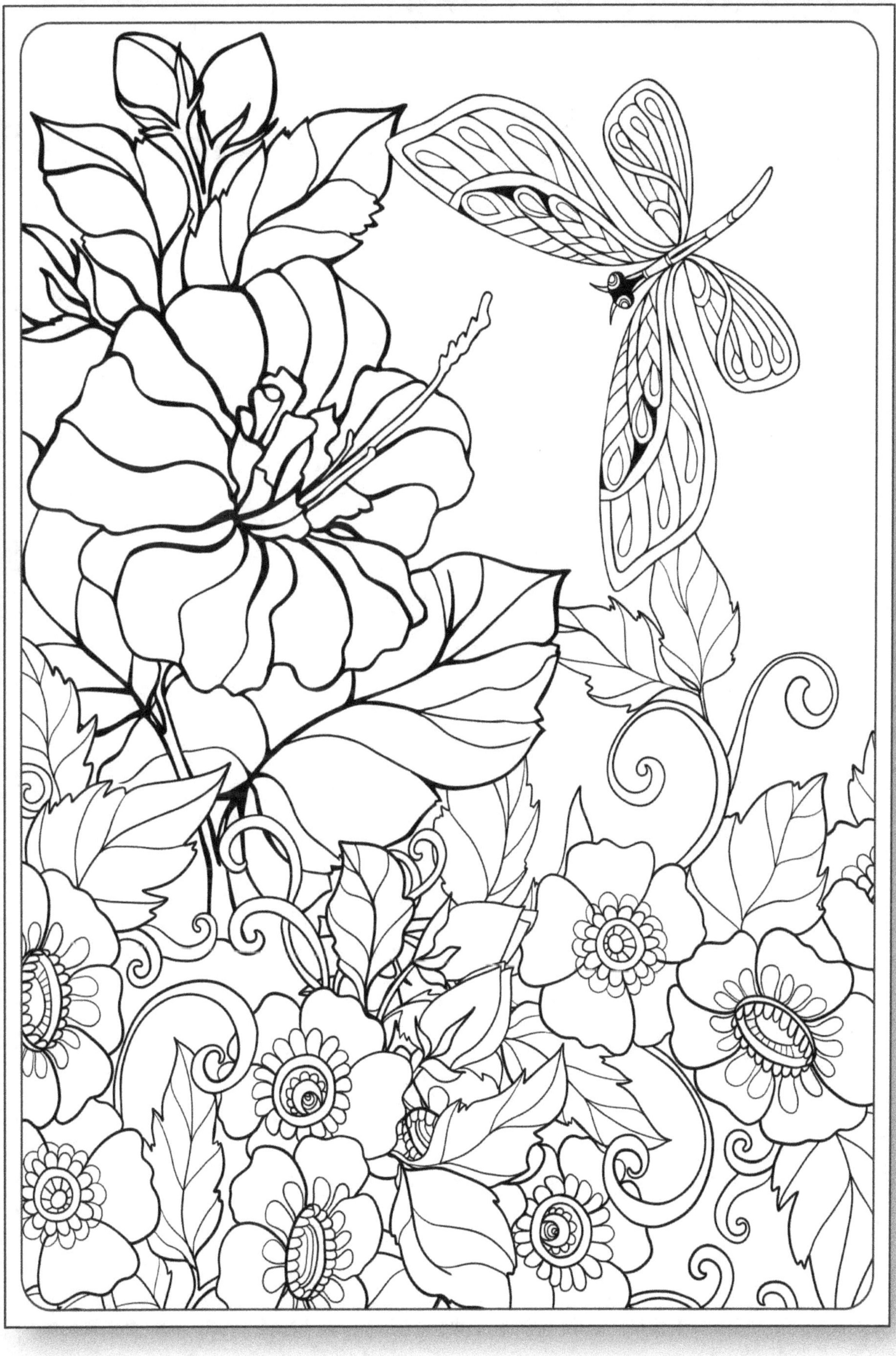

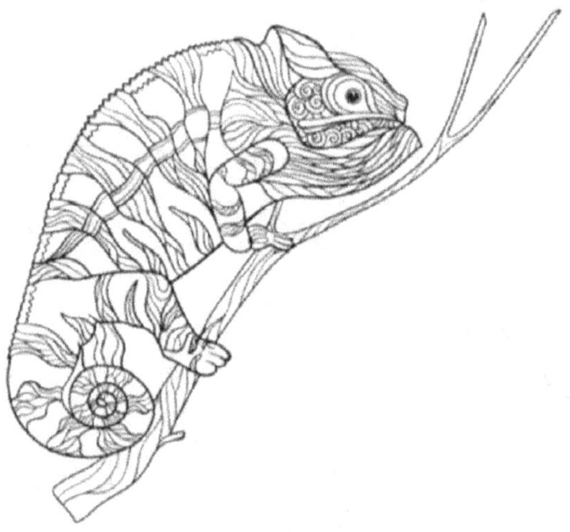

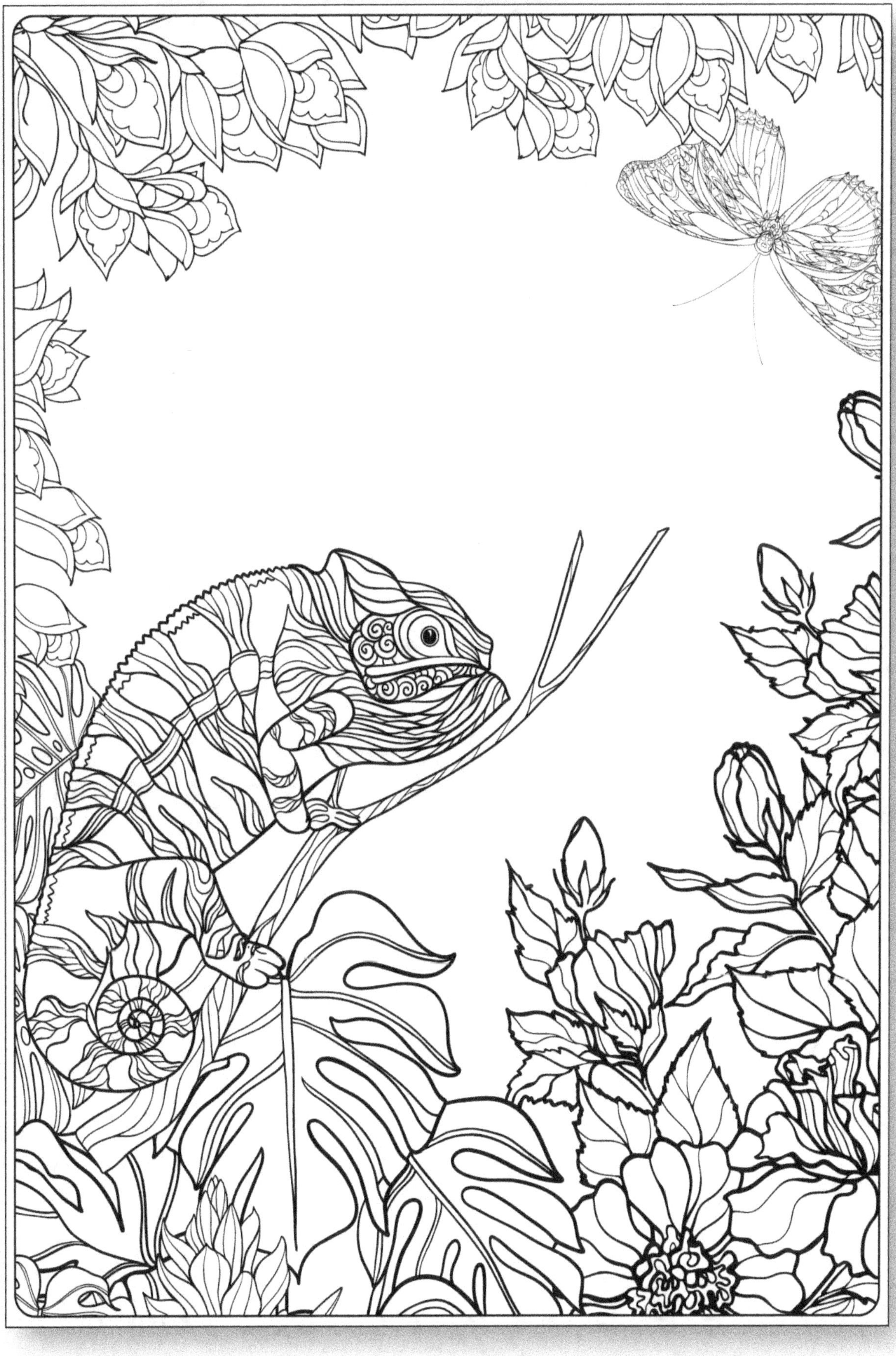

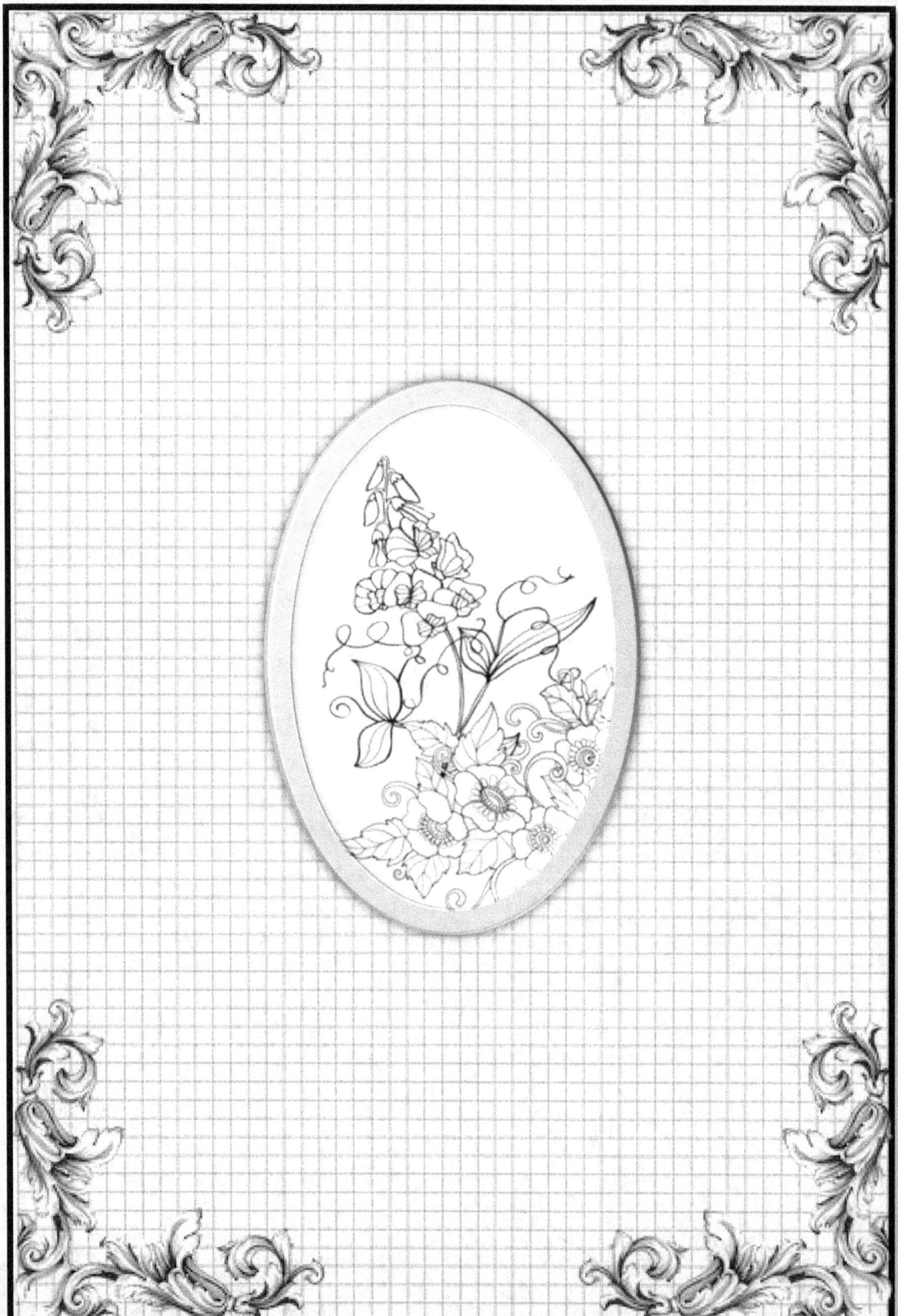

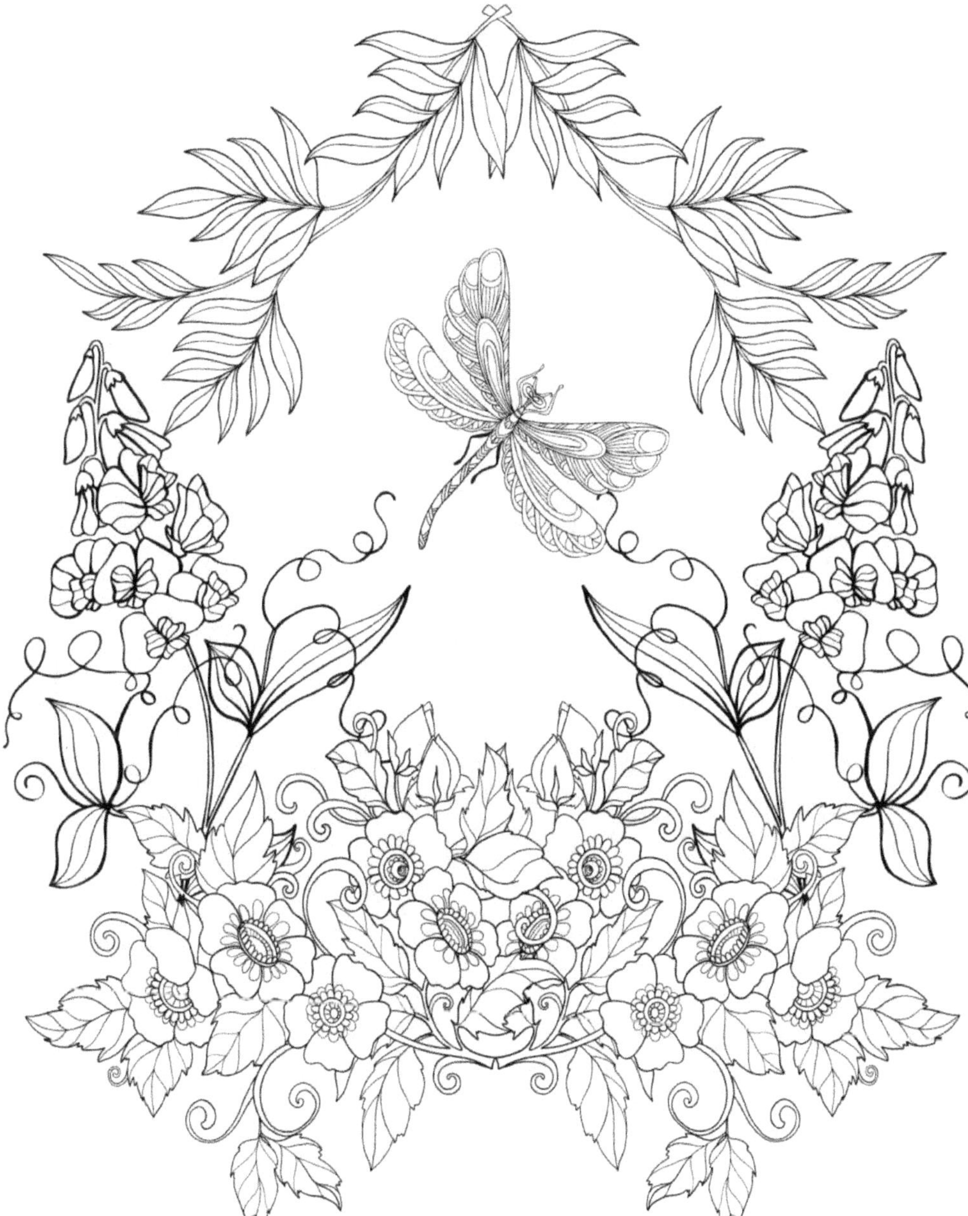

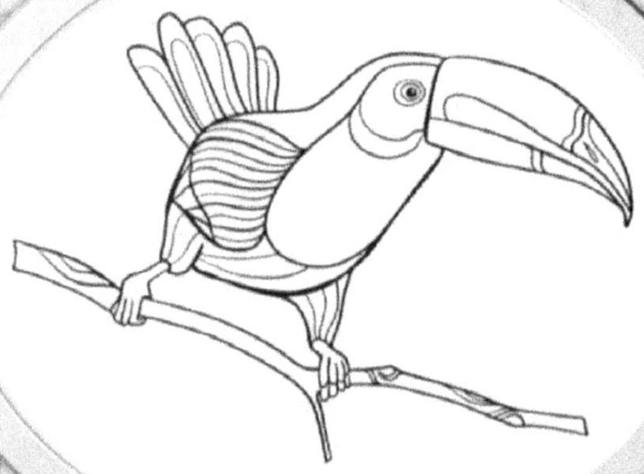

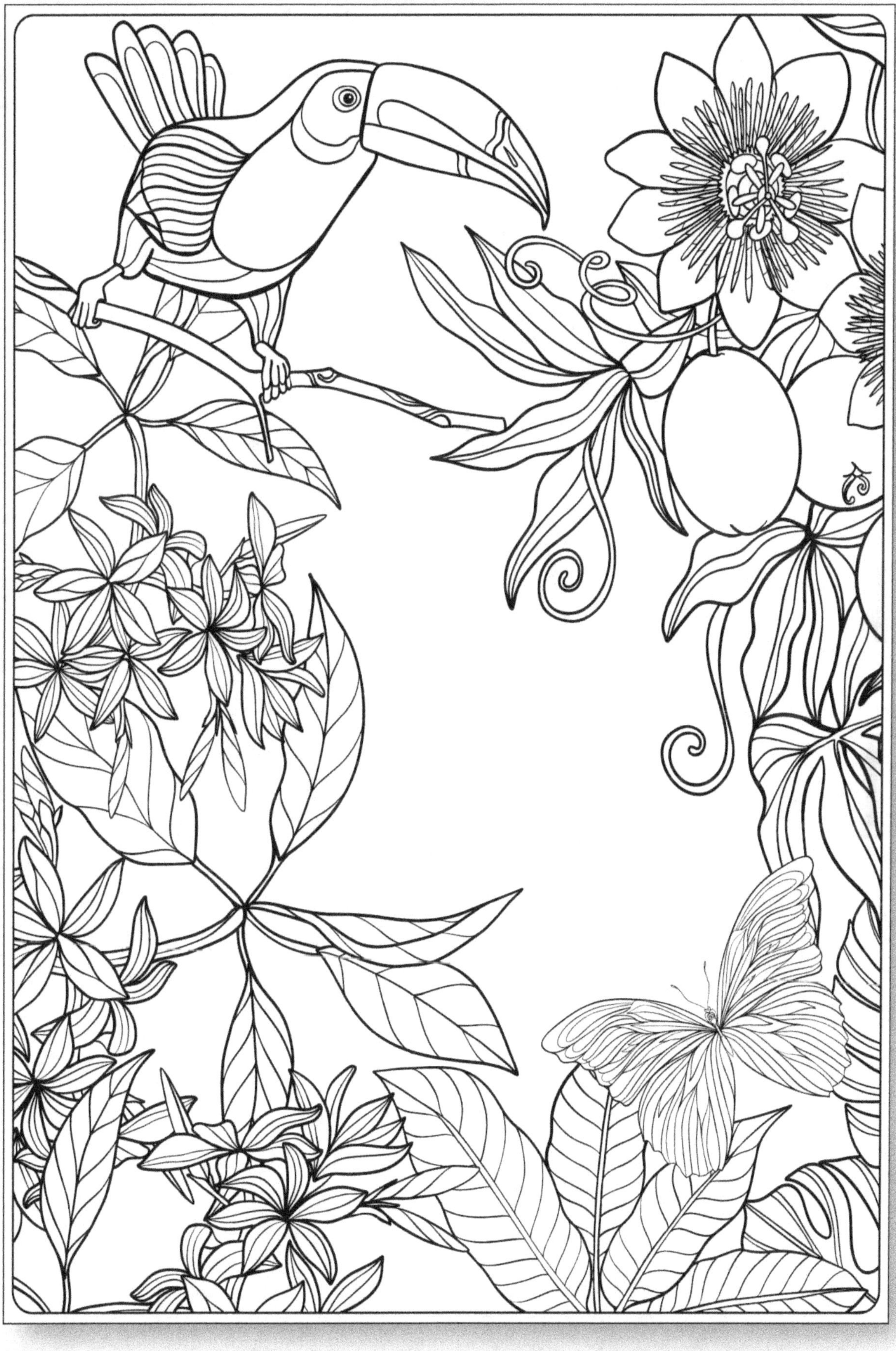

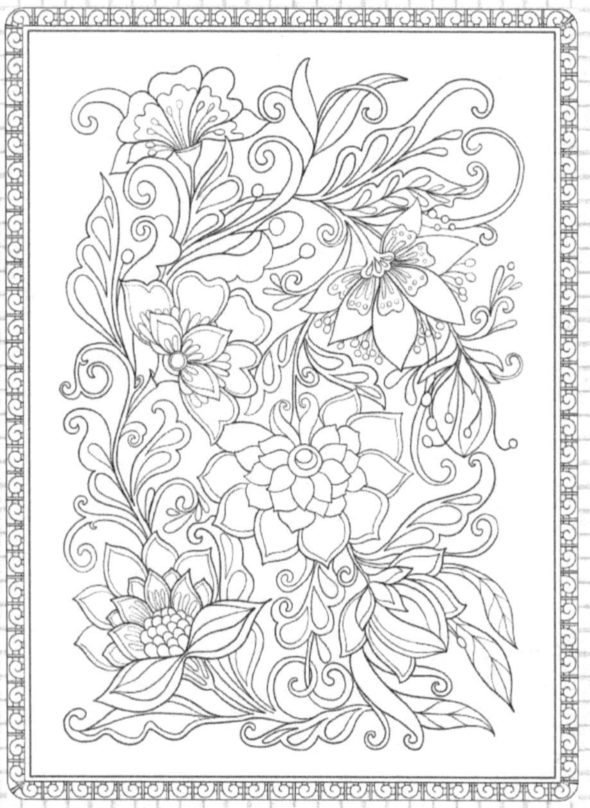

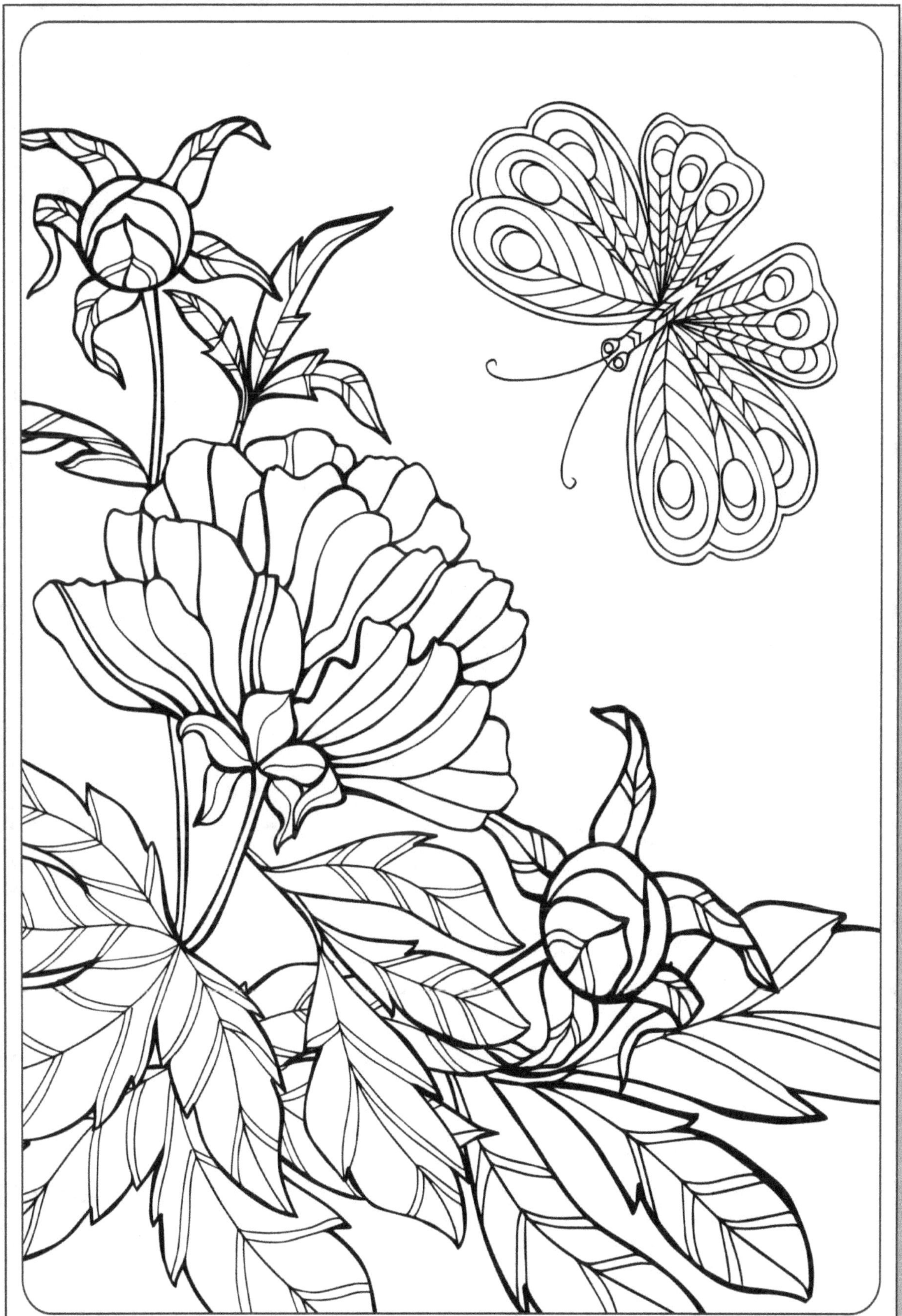

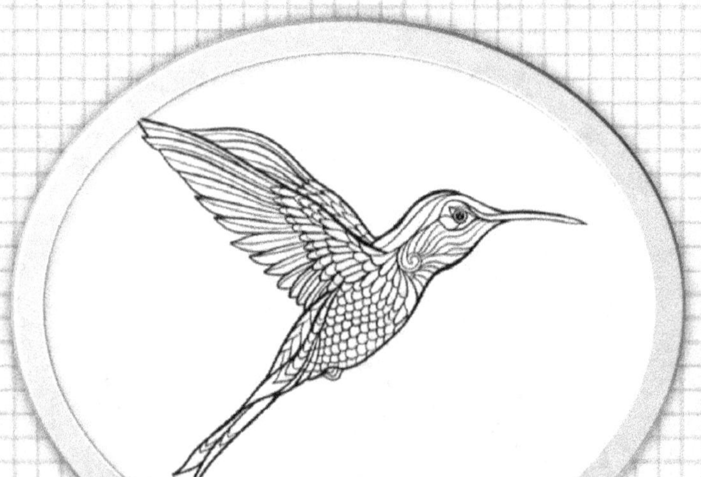

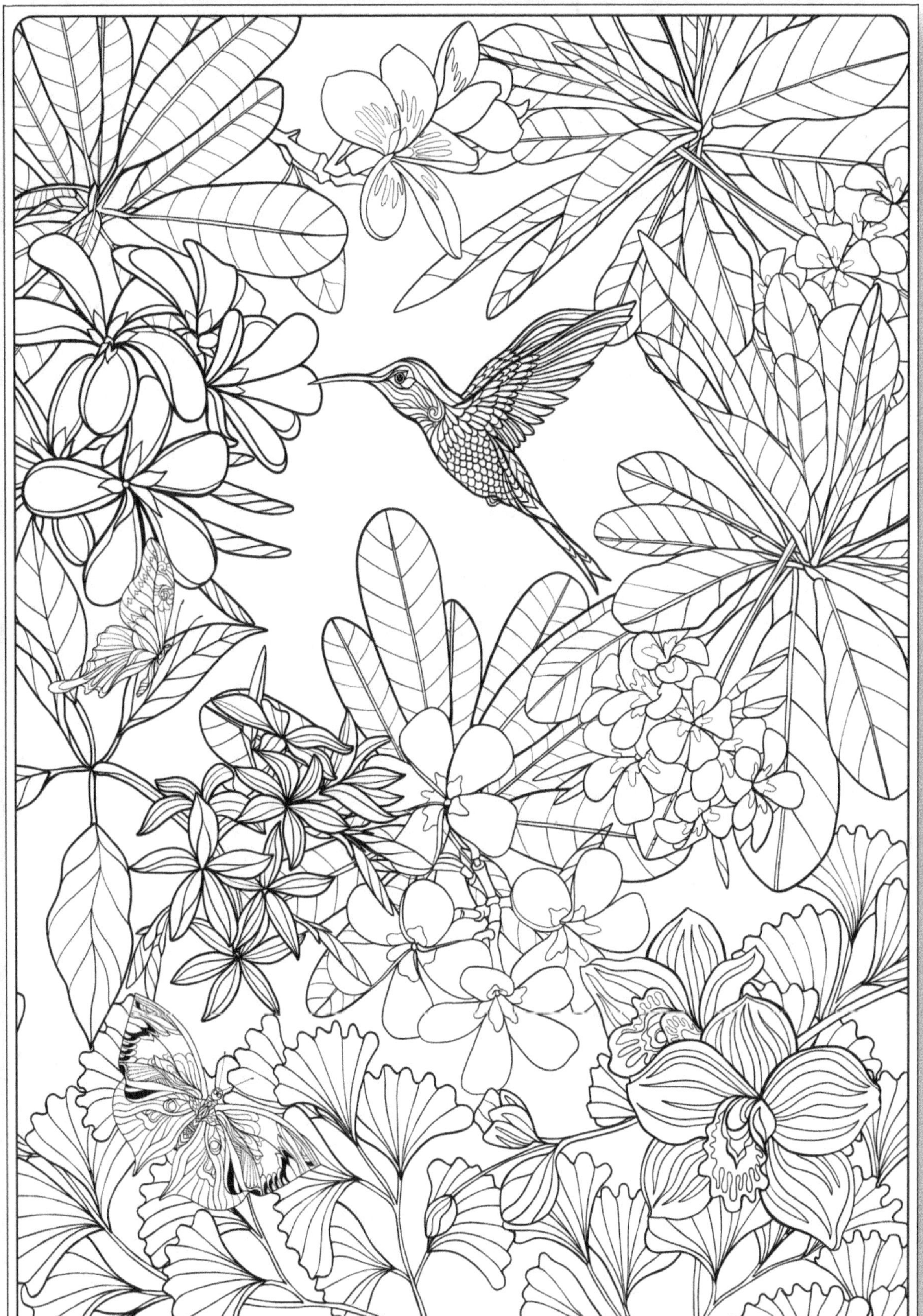

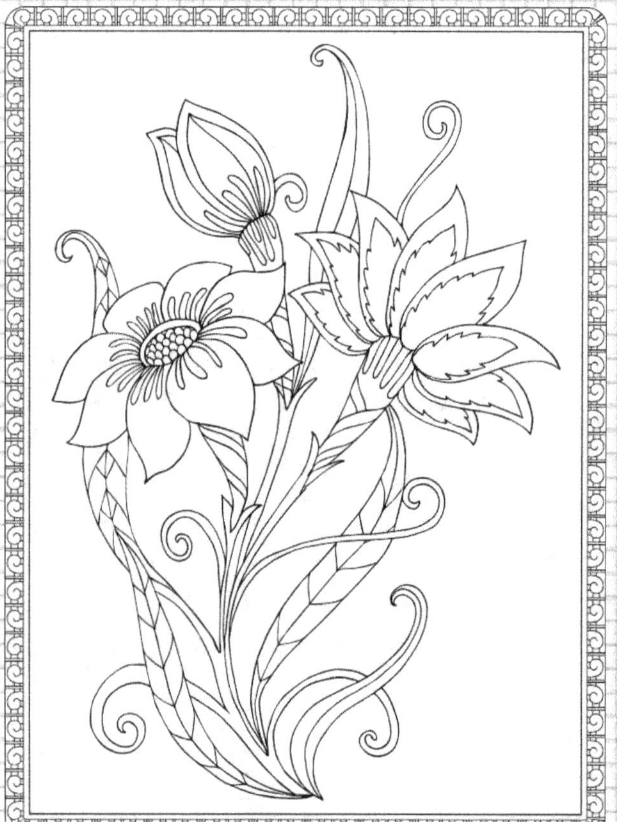

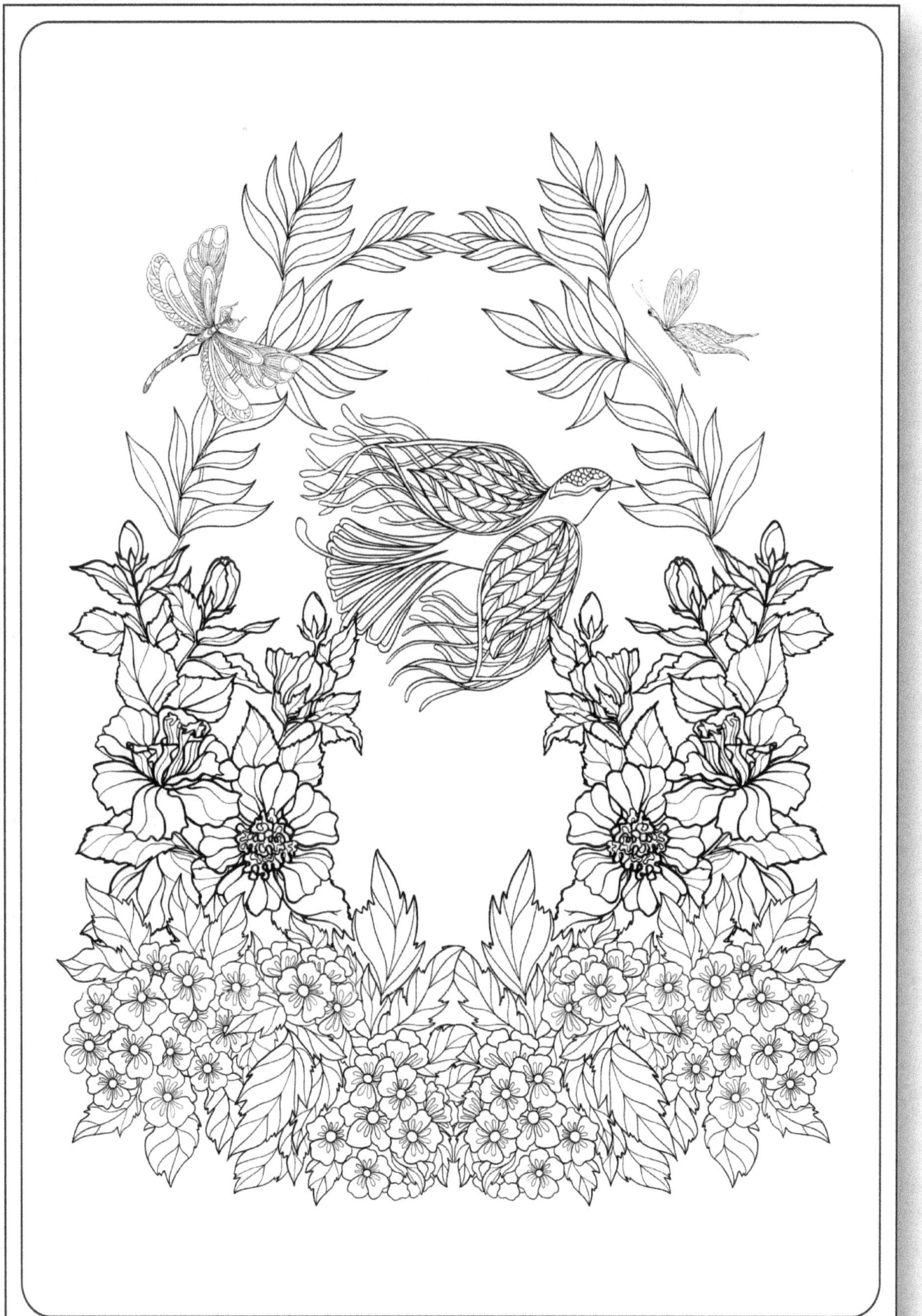

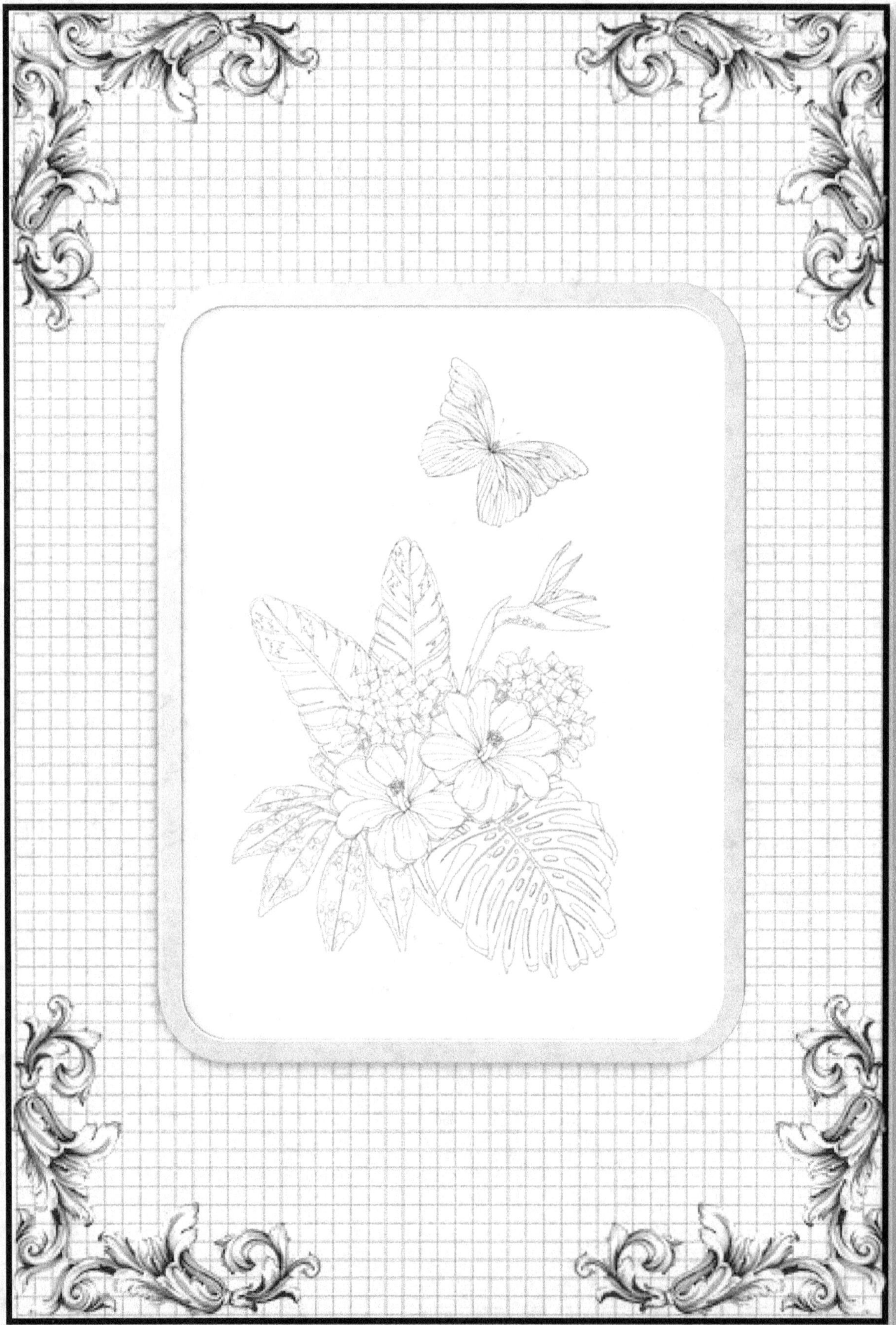

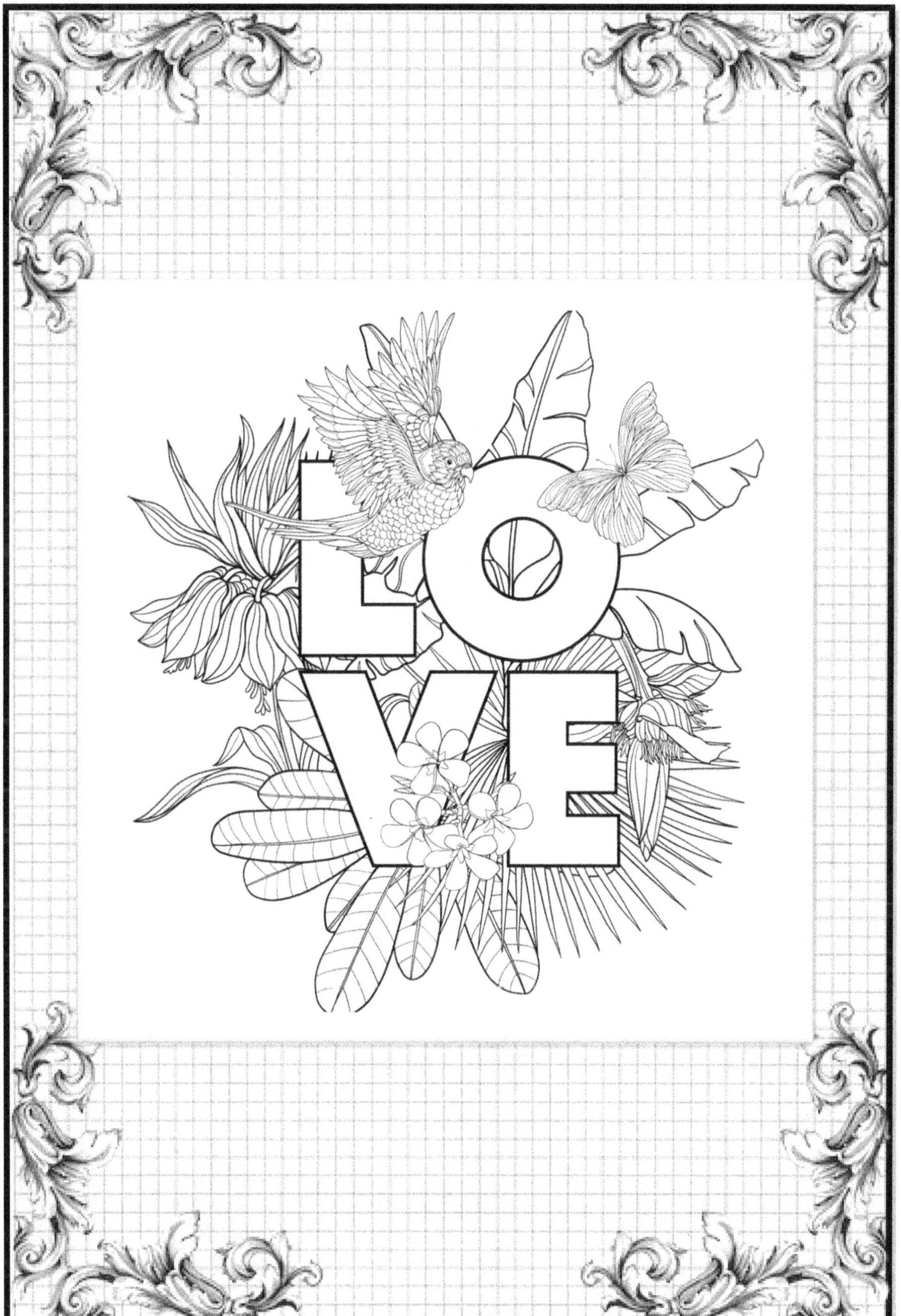
LOVE

www.ingramcontent.com/pod-product-compliance
Lightning Source LLC
Chambersburg PA
CBHW081329310526
45789CB00018B/2630
* 9 7 8 1 5 4 1 1 4 1 5 0 6 *